国家出版基金项目
NATIONAL PUBLICATION FOUNDATION

尚珩 程长进 关琪 著

明清以来蔚县庄堡寺庙调查与研究

第七册 研究编

上海古籍出版社

第七册目录

插 图 目 录

插 表 目 录

第二十九章　关帝庙壁画调查与研究

"当时义勇倾三国，万古祠堂遍九州"。在我国，如果提起关羽、关公、关帝、关老爷、三国故事，几乎是家喻户晓，关羽由三国时期的一个人，逐渐演化成为神，成为"义勇武安王""三教伏魔大帝""关圣"，最终成为无所不能的万能神，以至于佛教、道教都要争关羽作为本教的护法神。这便是神奇的关公，民间所说的神奇的关老爷。处于南来北往商贾通道上的蔚县，集信与义于一身的关帝自然也深受百姓的尊崇，村村建有关帝庙也是蔚县的民间信仰的要求。

第一节　关帝庙基本情况

"隆庆议和"后，蔚县逐渐成为南来北往商贾的通道，南北文化在此碰撞，宗教信仰在此融合。由于关帝信仰深受百姓尊崇，蔚县境内关帝庙信仰普及度较高，庙宇建筑分布广。据田野调查得知，在平川地区，关帝庙几乎遍布每一座村庄，其数量可与五道庙、观音殿相比。在山区，居于古道上的村庄，关帝信仰仍是主要信仰之一。但在较为闭塞的深山之中，关帝庙数量相对较少。

依据调查结果，关帝庙留存有 133 座。其中留存有壁画者 50 座，旧构或旧址重建后重绘壁画的有 11 座，旧构留存或遗址尚存的有 72 座。虽然大部分壁画表面因涂刷白灰浆，画面损毁严重，壁画内容漫漶，但壁画中的信息对于研究蔚县关帝庙壁画的分类与内容有着重要作用，也急需加强保护。

关帝在村民心中的地位和村民对关帝崇拜的需求，决定了关帝庙的位置多选址于村中重要之处。一是建于堡门外，与堡门相伴，成为堡内居民进出堡门时必拜的神祇，且常与观音共享一殿；二是位于村外要地或堡内中心，单独建立关帝庙院，正殿为关帝殿，配殿或耳殿供奉其他神祇；三是于寺庙群中或庙院内，以配殿或占正殿中一间的形式而建。还有少数关帝庙与龙神、三官、玉皇等共享一殿,成为多神共祭的殿堂。

关帝庙的建筑形制没有固定的要求,但关帝庙建庙院者较多,其中的正殿一般来说比较高大,正殿以面阔单间或三间为主。单独而建的关帝庙殿,以单开间者居多。依附于寺庙而建的关帝庙,或作为配殿,或作为耳殿,或仅占殿宇中的一间。

蔚县留存有纪年的关帝庙数量较少,经过对田野调查发现的石碑、匾与题字进行整理,仅有4座关帝庙留存有纪年,但仅从这些纪年还很难判定壁画绘制的时间(表29.1)。

表 29.1　关帝庙石碑、壁画题记时间一览表

位　　置	载体形式	年　　代
涌泉庄崔家寨关帝庙	《崔家寨立规碑记》	嘉庆二十一年
南留庄镇单堠关帝庙	《关帝庙建立石表碑》	创建于正德年间 迁修于嘉靖二十四年
	《关帝庙重修正殿禅房及创建戏楼碑记》	乾隆二十五年
南留庄镇南留庄关帝庙	《重修碑记》	嘉靖年间创建 嘉庆六年重修
宋家庄镇上苏庄三义庙	《重修三义殿碑记》	嘉庆十三年十二月重修

第二节　关帝庙壁画中神祇的研究

据田野调查分析,蔚县留存的关帝庙壁画在内容与表现形式上类型变化不多。正壁以《关公坐堂议事图》为主,两侧山墙以"连环画"的形式展示《三国演义》中的关羽及众位英雄豪杰,其主线以关公事迹为主。由于关帝庙两侧山墙壁画表现的是《三国演义》中的故事,人物容易识别、理解,但正壁《关公坐堂议事图》中出现的人物数量众多,研判壁画中的各类人物,对关帝庙壁画的研究有着至关重要的作用。

据《陔余丛考》记载,万历"四十二年,又敕封'三界伏魔大帝神威远镇天尊关圣帝君',又封夫人为'九灵懿德武肃英皇后',子平为'竭忠王',兴为'显忠王',周仓为'威灵惠勇公',赐以左丞相一员,为宋陆秀夫,右丞相一员,为张世杰,其道坛之'三界首魔元帅'则以宋岳飞代,其佛寺伽蓝则以唐尉迟恭代"。[1]由此可知,关帝庙正壁《关公坐堂议事图》中的各人物直到明晚期或清初才逐渐完善。

依据上述记载,经对蔚县留存的壁画进行研究,正壁《关公坐堂议事图》中的核心人物为关帝,两侧主要人物有形影不离的关平和周仓,以及左、右丞相陆秀夫和张世杰。

---

〔1〕　赵翼:《陔余丛考》,中华书局,1963年,第757页。

一、关帝

关帝，即《三国志》中赫赫有名的战将关羽。关羽从侯到神，再从神到王、大帝，经历的几个关键事件有：南北朝玉泉山入佛，成为护法伽蓝；北宋徽宗大观二年，被封为武安王。明万历四十二年，被封为三界伏魔大帝。清顺治九年，被封为忠义神武关圣大帝。正如民间所说："汉封侯，宋封王，明封大帝；儒称圣，释称佛，道称天尊"，简要说出了关羽的成帝过程。

民间祭祀关帝，经历了 1 700 多年的演变。关羽早已脱离《三国志》里他的原型，而成为具有多元化职责的神明，这其中有商界守护神、医院神、战神等〔1〕。民间以关羽所用的青龙偃月刀十分锋"利"，与生意上求利同音，求之获"利"；以关羽信义俱全，求之获"义"，因此在商业圈尊称关羽为商界守护神，是护佑人们发财的武财神。关羽又被尊为伏魔大帝，可以驱魔治病，于是民间在关帝庙里常设药签，关羽又成为医药之神的化身。关羽作为旷世大将，勇武之名名闻天下，而被习武者奉为武圣，从而成为人们心目中的战神。明清时期，关羽被尊称为"武王""武圣人"，俨然与"文王""文圣人"孔子并肩而立。而此时的关羽已逐渐成为集"忠、孝、节、义"于一身的"全能"之神了。

在蔚县，关帝庙的称谓较多。民间多俗称老爷庙、关公庙；官方则称关帝庙、伏魔宫、三关庙、关圣庙、信义宫等。石碑中的正规称呼多为关帝庙，在南留庄镇白南堡关帝庙的匾上称为信义宫，高利寺关帝庙与五岔关帝庙称为伏魔宫。而对关帝的称谓也各不相同，乡民称为关老爷、关公，通过对关帝庙山墙壁画榜题中关帝的称谓统计，有以下 4 类：

表 29.2　关帝庙的墙壁画榜题中关帝的称谓一览表

序号	代表寺庙	榜题称谓
1	蔚州镇李堡子六神庙关帝殿	关圣帝/帝君
2	涌泉庄乡西任家堡关帝庙	□帝君
3	涌泉庄崔家寨关帝庙	关云长/云长
4	南留庄镇水西堡关帝庙	云长公

在蔚县关帝庙中，关帝在正壁壁画中以《关公坐堂议事图》的形式呈现，是该图的核心。在两侧山墙壁画中，壁画以"连环画"的形式展示关羽戎马征战的一生，故事源于《三国演义》，陪同关羽的还有三国中的众位英雄豪杰。

据调查，蔚县关帝庙正壁壁画中留存较为完整的关帝形象有 18 处。关帝头戴冠冕，穿帝袍，披肩披，双手在胸前持玉圭，帝袍上沥粉贴金有腾龙。关帝形象以红脸与深色为

〔1〕　北京市文物局图书资料中心、延庆县文化委员会：《北京延庆古代寺观壁画调查与研究》，北京燕山出版社，2012 年，第 64 页。

主,相貌堂堂,威风凛凛(图 29.1、2)。

图 29.1　涌泉庄乡陡涧子关帝庙正壁·关帝

图 29.2　南留庄镇滑嘴关帝庙正壁·关帝

关帝所戴的冠冕,在不同的关帝庙中也略有不同,主要体现在冕旒与其上的垂珠(表 29.3)。按古代礼制,按服用者的身份、地位区分,只有天子的衮冕用 12 旒,每旒贯玉 12 颗。公之服用 9 旒,每旒贯玉 9 颗;侯伯只能服冕,用 7 旒,每旒贯玉 7 颗;子男只能服毳冕,用 5 旒,每旒贯玉 5 颗。

表 29.3　蔚县关帝庙正壁坐堂议事图中关帝冠冕冕旒与垂珠

庙　　名	冕旒	贯玉/旒
蔚州镇李堡子六神庙关帝殿	9	9
涌泉庄乡陡涧子关帝庙	无	无
涌泉庄乡西任家堡关帝庙	9	4
代王城镇南门子关帝庙	无	无
宋家庄镇大固城关帝庙	模糊	模糊
宋家庄镇上苏庄三义庙	12	模糊
宋家庄镇西柳林北堡关帝庙	模糊	模糊

庙　名	冕旒	贯玉/旒
杨庄窠乡席家嘴关帝庙	毁	毁
下宫村乡苏邵堡关帝庙	无	无
下宫村乡东庄头关帝庙	9	9
南留庄镇滑嘴关帝庙	无	无
南留庄镇水东堡关帝庙	模糊	模糊
南留庄镇白南场关帝庙	11	10
白草村乡西小羊圈关帝庙	9	9
白草村乡泉子涧关帝庙	模糊	模糊
白草村乡狼窝关帝庙	9	模糊
陈家洼乡李家楼三元宫关帝庙	模糊	模糊
柏树乡永宁寨关帝庙	9	7

这其中，蔚州镇李堡子六神庙关帝殿（图 29.3）、下宫村乡东庄头关帝庙、白草村乡西小羊圈关帝庙中，关帝的冕旒有 9 串，每旒贯玉 9 颗。这 3 堂中的关帝冠冕皆符合礼制，所以关帝是按"公"的身份供奉的，即关公。其他或者无冕旒，或者不符礼制，或者已模糊无法看清。由此可见，从礼制来看，民间关帝庙中还是以"公"的身份供奉关公。据此，本文中虽将庙殿称之以关帝庙，但正壁依冠冕之礼制，称为《关公坐堂议事图》，将其中的人物也称为关公。

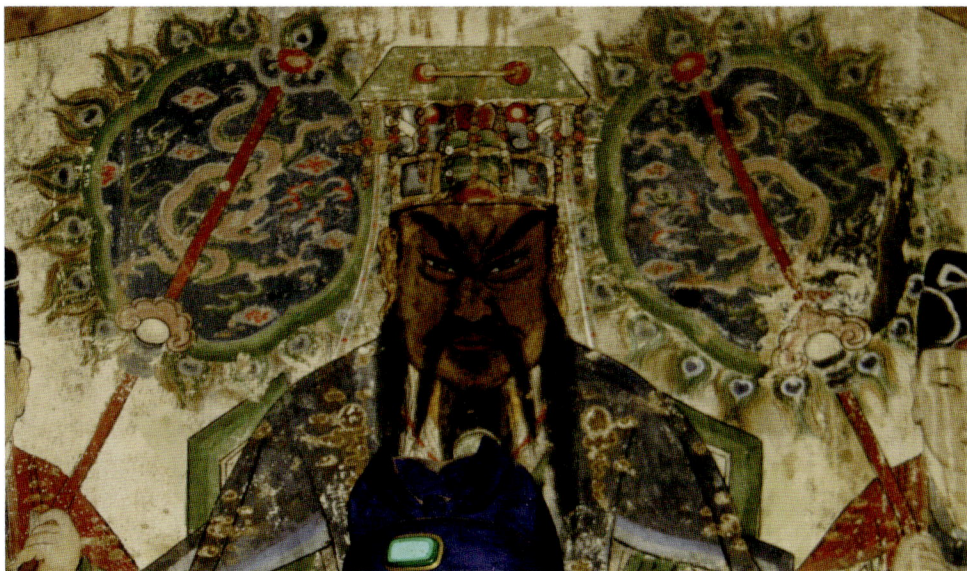

图 29.3　蔚州镇李堡子六神庙关帝殿·关帝

另外,冠冕顶部也略有不同,如蔚州镇李堡子六神庙关帝殿中关帝冠冕顶部绘两颗珠子,下宫村乡苏邵堡关帝庙中关帝冠冕顶部绘阴阳八卦。

二、周仓与关平

在关帝庙内与关帝形影不离的是周仓与关平,关公像两旁各站立一人,即关帝右侧为周仓,左侧为关平。

周仓,是《三国演义》中虚构的人物,其形象为身材高大、黑面虬髯的关西大汉。周仓先是黄巾首领张宝的部将,后来刘关张讨黄巾,张宝被灭,周仓在卧牛山聚众落草。关羽过五关斩六将时路过卧牛山,周仓因仰慕关羽而铁了心要跟随关羽,从而成为关羽身边扛着那把八十二斤的青龙偃月刀之战将。周仓跟随关羽镇守荆州、生擒魏军的立义将军庞德。关羽被孙权斩首之后,周仓在麦城悲痛欲绝,拔剑自刎而死。

关平,古典剧目《走麦城》中其名为“关坦之”,在《三国演义》中,关平是关羽在战乱中所收之义子。“斩蔡阳兄弟释疑 会古城君臣聚义”是关平的首次亮相。当时的关羽刚脱离曹军,千里寻兄,先与张飞会合,继而与身在冀州的刘备联络,兄弟三人相约于河北界首的关定庄院内重逢。关定欲使年仅 18 岁的次子关平跟随关羽征战,在刘备的主张下,关羽与关平结为义父子。《三国演义》中的关平形象鲜明,武勇过人,曾跟随刘备出征西川,立下战功,还曾与曹魏猛将庞德大战过三十回合。关平的性格冷静沉着,曾数次劝阻其父关羽的冲动之举。在关羽与庞德大战,遭到冷箭暗算时,又是关平很快出言提示,纵马出阵接应。明万历四十二年关平被加封为竭忠王,清顺治九年被加封为关圣太子。

在正壁的《关公坐堂议事图》中,周仓站于关公的右侧,形象为身材高大、黑面虬髯的关西大汉,手里则拿着关羽的青龙偃月刀;关平站于关公的左侧,一介年轻小将形象,手中拿着关羽最喜欢读的《左氏春秋》。但从关帝庙内的壁画考察,关平手中持着的《左氏春秋》,在民间壁画中已演变成了一个书卷,或一个书简,或一把有剑鞘的宝剑,虽然个别绘画中有剑鞘的宝剑的剑柄看似书卷的卷轴,但细看还是像宝剑。为了叙述方便,下文皆简称带剑鞘的宝剑为宝剑。据调查,蔚县关帝庙正壁中留存较好的周仓形象有 16 处(图 29.4),留存较好的关平形象有 14 处(图 29.5)。

三、陆秀夫和张世杰

除了关平与周仓紧随关公外,在关帝庙正壁的图中还出现了“宋末三杰”中的陆秀夫和张世杰,两位演变为关公的左、右丞相。

图 29.4　南留庄镇滑嘴关帝庙正壁·周仓　　　图 29.5　柏树乡永宁寨关帝庙正壁·关平

陆秀夫，字君实，别号东江，楚州盐城长建里（今江苏建湖）人。南宋左丞相，崖山海战兵败后，他背着卫王赵昺赴海而死，时年四十四岁。张世杰，涿州范阳（今河北范阳）人，封越国公，先后拥立南宋二帝，誓不降元，最终兵败崖山，因飓风毁船，溺死于平章山下。

在关帝庙正壁的《关公坐堂议事图》中，东侧为左丞相陆秀夫，西侧为右丞相张世杰，各手持笏板侧向关公而立。据调查，蔚县关帝庙正壁中留存较好的左丞相陆秀夫形象有17处（图29.6），留存较好的右丞相张世杰形象有16处（图29.7）。

图 29.6　南留庄镇滑嘴关帝庙正壁·左丞相陆秀夫　图 29.7　南留庄镇滑嘴关帝庙正壁·右丞相张世杰

第三节　关帝庙壁画构图

　　前文对关帝庙正壁壁画中的主要神祇的形象进行了介绍。关帝庙正壁壁画虽变化很小，但由于历史传承、地域差异等原因，壁画中神祇数量、构图等也呈现出不同的表现形式。山墙壁画由于是以《三国演义》中关羽与众豪杰的事迹为主要情节，因此在山墙壁画中,没有出现后代加封的左丞相陆秀夫与右丞相张世杰形象。

一、正壁壁画

(一)《关公坐堂议事图》

正壁《关公坐堂议事图》中主流的人物配置是:关公居中,后侧为持扇侍者;两侧分别为左丞相陆秀夫,右丞相张世杰,各手持笏板而立;最外侧分列周仓(西)、关平(东),周仓持青龙偃月刀,关平持宝剑。

该题材壁画多出现在单开间的殿的正壁上,由于单开间正壁空间相对狭窄,如何在较小的空间既展示人物的形象,又突出关帝的地位,需要画师进行合理的布局。其中最大的特点是关帝位居高处,高大而突出,两侧人物依次渐低,形成一个三角斜边。

蔚州镇李堡子六神庙关帝殿 是这类题材壁画中较为典型者,也是保存较好的一幅。正壁绘《关公坐堂议事图》,画面主体背靠条屏,在表现形式、人物等方面皆比较标准(图29.8)。壁画正中为关公,后侧为持扇侍者;两侧分别为左丞相陆秀夫、右丞相张世杰,各手持笏板侧向关帝而立;在最外侧,西为周仓,东为关平,周仓持青龙刀,关平持宝剑。

图29.8　蔚州镇李堡子六神庙关帝殿正壁

此外,涌泉庄乡陡涧子关帝庙(图29.9)、代王城镇南门子关帝庙(图29.10)、下宫村乡东庄头关帝庙、南留庄镇水东堡关帝庙(图29.11)、南留庄镇白南场关帝庙(图29.12)等正壁的《关公坐堂议事图》,与蔚州镇李堡子六神庙关帝殿的《关公坐堂议事图》在构图上基本是一致的。

图 29.9　涌泉庄乡陡涧子关帝庙正壁

图 29.10　代王城镇南门子关帝庙正壁

图 29.11　南留庄镇水东堡关帝庙正壁

图 29.12　南留庄镇白南场关帝庙正壁

在关帝庙的《关公坐堂议事图》中，除上述几处是典型的构图外，也有在人物的配备上出现变化，增加了其他人物的，这些人物目前还需要进一步研究。

涌泉庄乡西任家堡关帝庙　正壁的《关公坐堂议事图》与蔚州镇李堡子六神庙关帝殿的在构图上基本是一致的。不同的是，正壁壁画分为两组，下部为《关公坐堂议事图》，上部绘有三位主神，正中为一神像两侍从，两侧为文官，最外侧为武将，其表现的是何人、何场景还需要进一步研究（图 29.13）。

图 29.13　涌泉庄乡西任家堡关帝庙正壁上部

下宫村乡苏邵堡关帝殿　是苏邵堡北庙的第一进殿，与地藏殿背对。殿内壁壁画保存尚好，从色彩上判断，为清代中期作品（图 29.14）。

该壁画与涌泉庄乡西任家堡关帝庙正壁的相似，亦将正壁分为上下两个部分，上部绘三世佛，下部绘《关公坐堂议事图》。上部所绘三世佛，绘有三尊佛，结跏趺坐，两侧为迦叶与阿难。

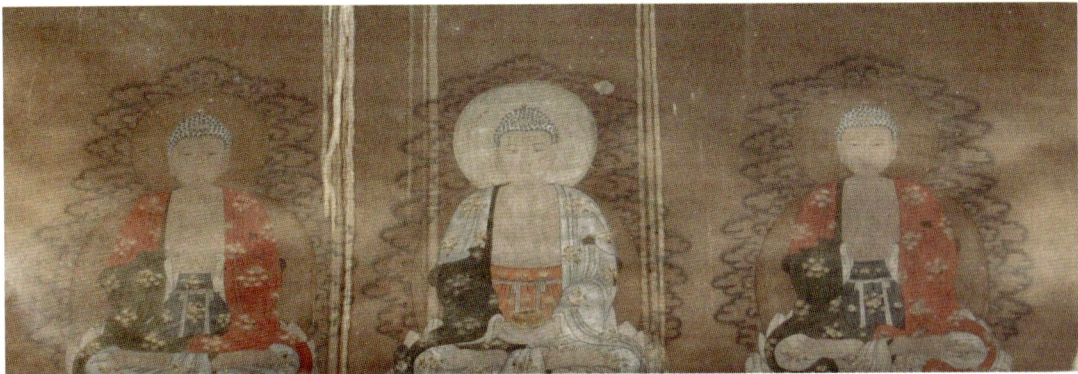

图 29.14　下宫村乡苏邵堡关帝殿正壁上部

下部的《关公坐堂议事图》在基本构图的基础上略有调整。在两位持扇侍者外侧，西侧为手捧《春秋》的随从，东侧为手捧大印的随从。在周仓与周平的外侧还各有一位随从，东侧肩背囊，其中插满了弓箭；西侧也背有一囊，但其内空无一物（图 29.15）。

图 29.15　下宫村乡苏邵堡关帝殿正壁东侧下部

杨庄窠乡席家嘴关帝庙　　正壁的《关公坐堂议事图》的基本构图与上述是一致的,但在两侧后持扇侍童的边上各增加了一位人物,西侧为捧印随从(图 29.16),东侧画面漫漶难以辨认。

图 29.16　杨庄窠乡席家嘴关帝庙正壁西侧·捧印随从

南留庄镇滑嘴关帝庙　　从色彩看,壁画应是清中晚期的作品。正壁的《关公坐堂议事图》与前述的典型构图是一致的。但两侧未立持扇侍者,只有两位随从,东侧随从双手所捧之物已漫漶,西侧随从双手捧书(图 29.17)。另外在最外侧,即周仓与关平的上方,各有两位持剑大将,但具体身份有待研究。

柏树乡永宁寨村关帝庙　　正壁的《关公坐堂议事图》中,关公的两侧各立 4 位女性侍者,西侧者尚可辨清,东侧已被泥浆所毁,这 8 位女侍者的出现在蔚县关帝庙中是独一无二的。在两位丞相外侧也各增加了一位武官,南侧者手持头盔,北侧的手持甲胄,两武官的身份仍需进一步考证(图 29.18)。

除上述增加人物的壁画外,还有减少人物配备的壁画,如在陈家洼乡李家楼村三元宫关帝殿(图 29.20)、桃花镇马官营村关帝庙(图 29.19)的《关公坐堂议事图》中,正壁未见周仓、关平,关公背后是两位侍童,两侧分别为左丞相陆秀夫、右丞相张世杰,陈家洼乡李家

图 29.17　南留庄镇滑嘴关帝庙正壁

图 29.18　柏树乡永宁寨关帝庙正壁·手持头盔、甲胄武将

楼村三元宫关帝殿其外侧还各有一位持书卷的文书与持瓶的侍者。

图 29.19 陈家洼乡李家楼三元宫关帝殿正壁

图 29.20 桃花镇马官营关帝庙正壁

（二）《关公生平组图》

此类题材的壁画,只在规模较大的关帝庙中出现,一般是在面阔三间(或坐二破三)的殿堂正壁上。正壁明间为条屏或山水绘画,绘画前置供台供关公塑像,或在画前设龛,龛内供关公塑像。两侧次间分别绘有关公生平的重要场景。左侧次间一般绘拜读《春秋》的文关公,右侧次间一般绘身穿战袍的武关公。

涌泉庄崔家寨关帝庙 是该类壁画的典型代表。正殿坐西面东,面阔三间,殿内正面设木龛,供台上原供关帝塑像,站、坐塑像各一尊。塑像周边的木龛保存较好,前檐下四根垂花柱与裙边,两侧边框还有木雕等装饰,龛内顶部安装天花板。表面施有彩绘,为清末民国时期。后墙以木龛为中心,两侧次间分别绘不同身份的关羽。南次间绘武关公与众将,关羽似于行军途中,前有关平持《春秋》之书卷,后有周仓持大刀护卫,众将牵马紧随左右,关羽前一名前探小将单腿点地在汇报前方打听到的军情(图29.21)。北次间绘文关公与众臣,关公似升堂办公,身披黄袍,头戴乌纱帽,右有周仓持大刀,左有关平捧官印,两侧分别为左丞相陆秀夫、右丞相张世杰,还有两位随从,关公前跪着一位官员正向关公汇报公务(29.22)。后墙正中(木龛后)绘有六幅屏风,清末民初作品,内容为山水花草。

图29.21 涌泉庄崔家寨关帝庙正壁南次间

图29.22 涌泉庄崔家寨关帝庙正壁北次间

宋家庄镇大固城关帝庙 正殿坐北面南,面阔三间,殿内尚存清末民国时期的壁画。正壁壁画整体布局划分为 3 个情景，但与涌泉庄崔家寨关帝庙正壁又有不同，明间未设木龛，明间、两侧次间绘画内容也有所区别。大固城关帝庙明间绘有《关公坐堂议事图》，背景为七折屏风，中间为关帝，稍有变化的是在左、右丞相后方各有一位端盘子的随从。东次间绘有关羽与周仓、关平，关羽在方桌的西侧，身着绿色长袍，手中拿着《左氏春秋》，周仓、关平位于方桌的东侧，周仓手持青龙偃月刀，关平手持宝剑，整个画面表述了一本《春秋》看天下（图 29.23）。西次间中间仍是一张方桌，方桌上摆有茶壶与茶杯，关羽坐在东侧一边，西侧前方立着一位着红袍的文官，周仓手持青龙偃月刀、关平手持宝剑立于文官后方，整个画面表述的是一壶清茶聊天下（图 29.24）。

图 29.23　宋家庄镇大固城关帝庙正壁东次间

图 29.24　宋家庄镇大固城关帝庙正壁西次间

　　宋家庄镇郑家庄关帝庙　位于堡内丁字路口北侧。正墙壁画因塑像、帷幕遮挡，只露出部分画面。明间为《关公坐堂议事图》，明间与两侧次间分隔处绘有一副楹联，上联为"秉烛春秋大节至今昭日月"，下联为"满腔忠义英风亘古振纲常"。东次间仅绘有静读春秋的关羽，西次间仅绘有威风凛凛的武将关羽。

　　宋家庄镇西柳林北堡关帝庙　正壁明间绘《关公坐堂议事图》。南次间中间为读《春秋》的关羽，两侧各立一位文官，但画面已漫漶（图 29.25）。北次间中间为武将关羽，两侧为周仓、关平（图 29.26）。

图 29.25　宋家庄镇西柳林北堡关帝庙正壁南次间

西合营镇古守营关帝庙　正殿坐北面南,面阔三间,殿内壁画漫漶。从露出的部分看,明间绘有背景画(图 29.27),正前应立有关公塑像。东次间背景为山水画,关羽只露出头部,低头向下看,两侧有持刀的周仓与持书卷的关平。西次间正中为关羽,头戴乌纱帽,从体态来看已是帝王的形象;两侧为左丞相陆秀夫、右丞相张世杰;外侧为持刀的周仓与持书卷的关平。

图 29.26　宋家庄镇西柳林北堡关帝庙正壁北次间

图 29.27　西合营镇古守营关帝庙正壁

　　南留庄镇南留庄关帝庙　殿内正中供台上塑有关帝像,像前置两尊小像。正壁壁画分为 3 部分。塑像后的明间壁画以花草为主。北次间壁画中,上角悬挂一把弓,正中置一桌,桌上置架、茶碗、瓶等,架子上横放书卷。南次间壁画中,上角挂一箭囊,正中置一桌,桌上置一具架子,架子上插满箭(图 28.28)。两侧次间虽未绘人物,但通过景物,寓意了关羽读《春秋》与威武大将的内容,可谓是异曲同工。

图 29.28　南留庄镇南留庄关帝庙正壁

（三）两次间配伎乐人

关帝庙正壁两次间壁画中配备伎乐人者，仅存有一例，即涌泉庄乡阎家寨关帝殿。此殿为真武庙建筑群的中殿，坐北面南，面阔二间（坐二破三式），单坡顶，进深三椽，殿内壁画尚存。

正壁壁画明间部分损毁严重，仅存主像两侧的各一位侍女。两侧次间部分各绘 5 位伎乐人，手持各式乐器，但面部皆已毁损。东次间的 5 位乐女保存完整，但手中乐器漫漶（图29.29）。西次间保存了 2 位较完整的乐女，其中 1 位弹琵琶、1 位吹笙（图29.30）。结合两侧山墙所绘《关帝巡游图》判断，这两组伎乐人可能是为关帝巡游而演奏，烘托庄严的气氛。

二、山墙壁画

蔚县留存的关帝庙中，山墙壁画题材有以下 2 类，一是绘关公生平事迹连环画，二是《关帝出游图》。

（一）关公生平事迹连环画

在山墙以连环画形式表现关公生平和圣迹故事，是蔚县关帝庙山墙壁画中最主要的题材。此类壁画以《三国演义》中关羽的事迹为主线，其他人物插配其中。连环画的幅数不一，主要依据殿堂山墙的进深进行布局，从 2 排 3 列每侧有 6 幅，到 4 排 9 列每侧有36 幅。还有一些村庄的关帝庙，为了充分展示关公的故事，增加每一幅画的尺度，连环画幅虽少，但画中关羽的形象更加高大，充分展示了关羽的英雄形象。

图 29.29　涌泉庄乡阎家寨关帝殿正壁东次间

图 29.30　涌泉庄乡阎家寨关帝殿正壁西次间

关公生平事迹类题材的连环画,多以刘关张桃园结义起,但最后一幅结尾有以下几种:有以玉泉山关公显圣结尾的,也有以荆州为王结尾的,还有以古城聚会结尾的。

涌泉庄崔家寨关帝庙 是蔚县留存的关帝庙壁画中,保存最为完整且有纪年可循的关公生平事迹连环画。该庙正殿前檐窗下槛墙外侧嵌有 1 通嘉庆二十一年(1816)的《崔家寨立规碑记》石碑,碑中记述了关帝庙建于嘉庆二十一年(1816),从殿内壁画的用色来看,应为清中期的作品,因此推测现存壁画应为嘉庆二十一年(1816)所绘,是难得的清中期作品。

殿内南、北山墙壁画为连环画形式,每幅画皆有榜题,每面皆是 4 排 9 列,共计 36 幅,一共有 72 幅画,所有榜题皆未受损,是蔚县关帝庙山墙壁画幅数最多者之一。部分榜题与《三国演义》中章回名称一致,所以这堂壁画也是《三国演义》中主要情节的再现。但从内容来看,不像其他关帝庙多是以关羽事迹为主,该壁画中刘玄德、张翼德、赵子龙、诸葛亮等主要人物的事迹占据了一半以上,与宋家庄镇上苏庄三义庙壁画中各人物的比例相近,因此我们怀疑该庙是否旧时称为三义庙?

北壁

云长擂鼓斩蔡阳	刘玄德古城聚义	孙策怒斩于神仙	玄德跃马跳檀溪	刘玄德遇司马徽	玄德新野遇徐庶	徐庶定计取樊城	徐庶走荐诸葛亮	青梅煮酒论英雄
云长策马刺颜良	云长延津诛文丑	关云长封金挂印	关云长独行千里	云长头关斩孔秀	二关斩韩福孟谈	云长三关斩卞喜	云长四关斩王植	云长五关斩秦琪
帅府听曹公赠马	关云长秉烛达旦	操赠汉寿亭侯印	张辽义说关云长	张翼德怒走范阳	赵子龙盘河大战	玄德匹马奔冀州	关云长袭斩车胄	关张擒刘岱王忠
祭天地桃园结义	张世平苏双进马	刘玄德斩寇立功	安喜县鞭打督邮	酒未温寒斩华雄	虎牢关三战吕布	提闸水淹下邳城	白门楼操斩吕布	曹孟德许田射鹿

南壁

关云长单刀赴会	玉泉山关公显圣	赵子龙大战魏兵	孔明智败司马懿	关公显圣诛吕蒙	诸葛亮三擒孟获	孔明祁山布八阵	关云长大破蛮牛	伏魔大帝诛狐狸
八阵图石伏陆逊	关云长大战徐晃	关云长义释曹操	曹操败走华容道	七星坛诸葛祭风		诸葛亮计伏周瑜	诸葛亮草船借箭	关云长怒擒庞德
张翼德夜战马超	赵子龙智取桂阳	黄忠魏延献长沙	张翼德义释严颜	□阳县张飞荐统	关云长刮骨疗毒	庞德抬榇战关公	关云长水淹七军	关云长威震华夏
诸葛亮舌战群儒	刘玄德败走夏口	张翼德拒水断桥	长坂坡赵云救主	孔明遗计救刘琦	孙权跨江破黄祖	定三分亮出草庐	玄德风雪请孔明	刘玄德三顾茅庐

此堂壁画在排序上有些混乱,部分情节前后颠倒,错得最离谱的是"青梅煮酒论英雄"。壁画总体排序是,北壁从第 4 排的西下角"祭天地桃园结义"起,向东到"曹孟德许田射鹿",然后"之"字向上第 3 排,再至第 2 排最东的"云长五关斩秦琪",这 3 排是循蔚县壁

画中连环画的"之"字形的规律排序，但到第1排却突然折向西上角，而在东上角却出现了"青梅煮酒论英雄"，这一情节应是在"关云长袭斩车胄"前所发生的，却错到了诸葛亮出茅庐之前。

此堂壁画在关云长单刀赴会与玉泉山关公显圣后，又延续了赵子龙大战魏兵、孔明智败司马懿、诛吕蒙、擒孟获的几段故事，最终以"关云长大破蚩牛"（图29.31）与"伏魔大帝诛狐狸"两幅关公显圣事迹而结束。"关云长大破蚩牛"应是将"关云长大破蚩尤"中的"尤"误写成"牛"；而"伏魔大帝诛狐狸"这个典故没有查到，但明万历四十二年关羽被封为三界伏魔大帝。

类似的诛吕蒙、大破蚩尤的情节，在草沟堡乡东庄子关帝庙壁画中亦出现（图29.32）。该庙东西山墙壁画为清末民国时所绘。西壁的最后3幅是：神诛吕蒙、大破赤牛、万堂封侯。"蚩尤"在两处壁画中虽都出现错误，但都将"尤"字错写成"牛"字，这是偶然现象，还是在蔚县传承中就叫"赤牛"，还需进一步考证。

图29.31　涌泉庄崔家寨关帝庙南壁·关云长大破蚩牛

图 29.32　草沟堡乡东庄子关帝庙西壁·大破赤牛

扩大到蔚县周边地区，如北京延庆下营村关帝庙中，最后4幅壁画中便有玉泉山显圣与神追吕蒙的情节。这也从一个侧面反映了百姓在祭拜心中的圣人——关公时，对于关羽的对手且对关羽之死有责任的吕蒙，将其被关羽索命的情节绘于连环画中，也是可以求得心中的一种平衡。

柏树乡永宁寨关帝庙　正殿山墙绘有《三国演义》中关羽故事题材内容，是连环画形式的山墙壁画中保存的完整性仅次于崔家寨关帝庙的一堂壁画。壁画色彩艳丽，绘制水平较高，为清代中晚期作品。东、西山墙各5排6列，各30幅，两侧共有60幅画。每幅画皆有5字的榜题，仅南山墙第3排第3列的"胡班投降"一幅为4字。其中，只有5幅榜题中个别题字无法释读。整个连环画从北山墙西下角的"桃园三结义起"，到南山墙东上角的"玉泉山显圣"结尾（图29.33、34）。

北山墙

东岭斩孔秀	洛阳斩韩福	沂水斩卞喜	胡□献密谋	荥阳斩王植	黄河□秦琪
胡华□□□	廖化杀杜远	霸陵桥饯行	挂印封金银	河北斩文丑	匹马刺颜良
代天子射鹿	赚城斩车胄	擒王刘二将	土山约三事	一宅分两院	曹赠赤兔马
白门楼斩布	盱眙斩荀正	盱眙战纪灵	陶谦让徐州	北海斩管亥	三英战吕布
桃园三结义	二客送金马	初斩程远志	三英破黄巾	翼德打□邮	酒温斩华雄

图29.33　柏树乡永宁寨关帝庙北壁

南山墙

玉泉山显圣	活捉吕子明	大战徐公明	用水淹樊城	怒斩庞令名	周仓擒庞德
立斩夏侯存	进兵攻樊城	大战庞令名	决水淹七军	于禁乞性命	箭射成何将
用计取襄阳	兴师伐曹操	胡班投降	单刀惊鲁肃	镇守荆州府	大战周公瑾
三请诸葛亮	汉津战曹操	柴桑口保驾	华容道挡曹	长沙斩杨龄	义释黄汉升
□□□聚义	城壕斩蔡阳	收关平为子	卧牛山收仓	郭子夜盗马	郭常庄止宿

图 29.34 柏树乡永宁寨关帝庙南壁

连环画的榜题虽有规律，但也有个别错格，即南壁的底排，全部错到右侧一格内，为了纠错，只能在最右下角画幅内列出两个榜题。

另据 2017 年重修庙宇的画师介绍，壁画是直接在纸筋泥上刷白（地仗层），再在其上绘画的；他认为东壁与西壁是由 2 名画工绘制，且东壁手法功底较好，尤其是胡须，勾得很有功底。纸筋泥旧时采用的是麻纸，但现在已很少使用。泥土与棉花混合后，用胶皮锤来回捶打，以增加其韧性，称为纸筋泥。

柏树乡柏树村下堡关帝庙　位于柏树村下堡东门外。正殿坐北面南，单檐硬山顶，面阔单间。殿内正壁壁画已毁。东西山墙壁画尚存，为同类题材中保存较好者。题材选自《三国演义》中的关羽故事，连环画式，每面 4 排 7 列，各有 28 幅，双面一共为

56幅,除少数画幅外,幅中榜题皆存,一半以上可释读。整篇连环画故事从东山墙北下角的"天地三界□□□"起,到西山墙"帝君左右镇荆州"止。这堂壁画故事中所绘人物较多,56幅壁画中,有22幅表现的是其他英雄豪杰,如吕布、董卓、刘玄德、曹操、诸葛亮等。

东山墙

张辽义说回曹营	离曹营封金挂印	曹孟德赐十美女	秉烛达旦谋春秋	曹孟德下马赠银	关张擒刘岱王忠	关帝君袭斩车胄
孙策大战严白虎	□孟德许田射鹿	青梅煮酒论英雄	酒未温时斩华雄	白门楼操斩吕布	□孟德□□□□	曹孟德上马赠金
陶恭祖三让徐州	吕布濮阳大战	刘玄德北海解围	吕奉先辕门射戟	曹孟德谋杀董卓	废汉王董卓弄权	吕布刺杀丁建阳
天地三界□□□	(榜题毁)	(榜题毁)	安喜张飞鞭督邮	(榜题毁)	(榜题模糊)	董卓议立□□王

西山墙

帝君左右镇荆州	帝君松下歇马	帝君大战徐晃	帝君水战庞德	庞德抬棺战帝君	帝君威震华夏	关定庄收关□
曹操败走华容道	帝君义释曹操	黄忠献长沙	卧牛山前收□□	帝君单刀赴会	诸葛亮傍略四郡	周瑜南郡战曹仁
周公瑾赤壁鏖兵	刘玄德据水断桥	长阪坡赵云救主	刘玄德败走江陵	定三分亮出茅庐	□□风雪请孔明	刘玄德三顾茅庐
帝君策马刺颜良	帝君延津诛文丑	帝君千里独行	帝君五关斩将	帝君擂鼓斩蔡阳	□□德古城	刘玄德败走荆州

南留庄镇单堠关帝庙 位于堡东门外,庙院坐落于台明上,整体坐北面南,东西15米,南北18米,整体保存较好,现存山门、庙院、石旗杆、正殿。据院内石碑记载,关帝庙创建于正德年间,迁修于嘉靖二十四年(1545),正殿和戏楼重修于乾隆十五年(1750)。这是蔚县现存唯一的有连续纪年关帝庙,也是保存较为完整的关帝庙之一,殿内的壁画绘制时间较早,绘画风格特点鲜明。

正殿坐北面南,面阔三间,硬山顶,五架梁出前檐廊。殿内正壁墙皮脱落,壁画已毁;东西山墙壁画尚存,整体保存较好,从画风来看应是清中期的作品(图29.35、36)。壁画构图不是以方块(连环画)划分,而是将各段故事集于一幅整画幅中连为一体,每侧墙壁绘有6幅画,画中无榜题,但据画中内容还可以认出数幅。东山墙上排正中画的是"青梅煮酒论英雄";西山墙北上角为"刘关张三顾茅庐。"

图 29.35　南留庄镇单堠关帝庙东壁

图 29.36　南留庄镇单堠关帝庙西壁

南留庄镇南留庄关帝庙　位于西堡门内南侧的西墙下,庙院坐西面东,正对堡内东西主街。现存庙宇位于 1.5 米高的砖砌庙台上,现存山门(石狮、旗杆)、钟鼓二楼、供庭、正殿,整体保存较好。

正殿位于院内正西台明上,坐西面东,单檐硬山顶,面阔三间(坐二破三式),六架梁出前歇山檐顶。殿内山墙壁画内容选自《三国演义》中的故事,连环画式,各 3 排 4 列(29.37、38)。

北山墙

□津诛文丑	策马刺颜良	曹公进马	秉烛通霄
北海解围	擒刘代王忠	袭斩车胄	张辽义说
三战吕布	□斩华雄	大破黄巾	桃园结义

图 29.37　南留庄镇南留庄关帝庙北壁

南山墙

义释曹操	□□□□	古城义聚会	古城斩蔡阳
沂水关斩安喜	荥阳关斩王植	渡口关斩秦棋	卧牛山收周仓
洛阳关斩韩福孟坦	东岭关斩孔秀	霸桥栈行	府库封金

　　除上述山墙连环画整体性与榜题保存较完整的关帝庙外，其他关帝庙壁画皆有残缺。下文按连环画的列数进行归纳汇总，以便更好地了解在山墙壁画中如何通过突出重点情节，以表现《三国演义》中的关羽事迹，也反映了关羽的事迹在乡村的传播，以及村民对关公崇拜的重点。

图 29.38　南留庄镇南留庄关帝庙南壁

1. 山墙绘七列连环画

关帝庙山墙连环画绘有七列者，仅留存 2 处，即西合营镇古守营关帝庙、西合营镇西上碾头关帝庙，由于皆损毁严重，故无法对内容进行比对，但从残存的部分考察，战庞德的描述均有多幅。

西合营镇古守营关帝庙　正殿东、西山墙壁画为连环画形式，题材选自《三国演义》中的关羽故事。但仅露出了一行半的壁画。可看出东、西山墙壁画为每排 7 列，但无法确定共有几排。露出的壁画色彩鲜艳，画面保存较好，为清代中晚期作品（图 29.39、40）。每幅画皆有榜题，榜题下方皆绘有一块蓝底区域，里面写有供养人姓名与钱数。

东山墙

一宅分两院	汉帝敕封美髯公	汉帝思赠亭侯美女	汉帝思赠亭侯□	曹孟德赠马	关夫子怒斩文丑	白马坡立斩颜良
关夫子曹府饮宴	关夫子新入曹营	入曹府下马赠银	曹孟德上马赠金	关夫子无奈许曹	张辽上山游说	白门楼上斩吕布

图 29.39 西合营镇古守营关帝庙东壁

西山墙

玉泉山显圣为佛	关夫子立斩庞德	汉世关大战庞德	关夫子单刀赴会	荆州城关公训子	荆州为王黄文下书	汉世关威镇华夏
刘关张古城聚义	刘关张三请诸葛	关公大战夏侯敦	取长沙义释黄忠	保仁兄河梁赴会	汉世关华容挡曹	徐庶走马荐诸葛

图 29.40 西合营镇古守营关帝庙西壁

古守营关帝庙壁画粉本与前述明显不同,从人物称谓考察,其中有关夫子、汉世关;从表述的情节来看,对玉泉山显圣为佛,和入曹府有详细描述,都与其他关帝庙有所区别。

西合营镇西上碾头关帝庙 坐北面南,面阔三间,殿内壁画漫漶。正面壁画和供台无存。两侧山墙壁画为连环画式,每面 3 排 7 列,题材选自《三国演义》中关羽的故事。画间采用直线分割为矩形。东墙壁画仅存南半部,北半部坍塌无存。壁画色彩以绿色为主,应是清中后期的作品(图 29.41)。

东山墙

(画毁)	(画毁)	(画毁)	(画毁)	(画毁)	(画毁)	荥阳关怒斩卞喜
(画毁)	(画毁)	(画毁)	(画毁)	(画毁)	(画毁)	□□□辕门射戟

西山墙

京□城关公训子	(榜题毁/画模糊)	□□□大战庞德	□□□□□□	□周仓水战庞德	关公□刀斩庞德	(榜题毁/画模糊)
(榜题毁/画模糊)	(榜题毁/画模糊)	□□□□□□	徐庶走马见诸葛	(榜题毁/画模糊)	保□□□良赴会	(榜题毁/画模糊)
(榜题毁/画模糊)	卧牛山下收周仓	(画毁)	(榜题毁/画模糊)	(榜题毁/画模糊)	刘关张三人请诸葛	(榜题毁/画模糊)

图 29.41 西合营镇西上碾头关帝庙西壁

2. 山墙绘六列连环画

山墙绘六列连环画的关帝庙留存有 7 座,壁画保存皆较差,连环画不够完整,榜题保存的数量也较少。

北水泉镇杨庄北堡关帝庙 是山墙绘六列连环画的关帝庙中保存较好的一堂。东西山墙壁画各绘 3 排 6 列连环画,每壁有 18 幅,两壁共 36 幅,虽然部分墙面被厚厚的白灰浆覆盖,但仍有 14 幅可辨榜题。从颜色上看,其应该是清中晚期的作品。东壁较为完整,每幅画皆有榜题,前 2 排榜题多可释读,但最后 1 排榜题为人为毁损(图 29.42、43);西壁只有下 2 排部分露出,残存个别榜题。

东山墙

立斩华雄	众议华雄	三战吕布	水淹下沛	曹斩吕布	许田射鹿
又拿王忠	活捉刘代	辕门射戟	夜夺徐州	三让徐州	鞭打督邮
□□□□	□□□□	□□□□	□□□□	□□□□	□□□□

图 29.42　北水泉镇杨庄北堡关帝庙东壁

西山墙

(被覆盖)	(被覆盖)	(被覆盖)	(被覆盖)	(被覆盖)	(被覆盖)
(被覆盖)	(露半) □□□□	挂印封金	出□□场	(残半)	(残半)
□斩颜良	□□□□	(残半) □□□□	(残半)	(残半)	□□进□

　　此堂壁画的榜题与内容有错乱现象。东山墙第 2 排第 1 列左上角有榜题,看似榜题是从左上角开始,但第 2 列两上角分别为"活捉刘代"与"辕门射戟",从榜题排序来看应是"活捉刘代",但内容却是"辕门射戟",以至于后面的榜题与内容全部错位。至第 2 排最后

1 列由于 6 个榜题已写完,只好在榜题框内乱画几笔。

图 29.43　北水泉镇杨庄北堡关帝庙东壁第 2 排第 6 列

南杨庄乡九辛庄关帝庙　位于堡外西南台地上,大庙正殿的明间,坐北面南,硬山顶,进深五架梁出前檐廊。殿内两侧山墙表面曾涂有白灰浆,且为流水的泥浆覆盖,壁画或覆盖,或脱落,或褪色,保存较差。残存的壁画可看出为连环画式,东壁与西壁皆绘 3 排 6 列,各有 18 幅。东壁仅存 4 列(图 29.44),西壁尚存 5 列。

东山墙

(画毁)	(画毁)	夜读春秋(画 1/2)	曹营赠马	云长□□刺颜良	帝君延津诛文丑
(画毁)	(画毁)	(榜题毁/画 1/2)	云长智袭车胄	论英雄青梅煮酒	白门楼操斩吕布
(画毁)	(画毁)	□□□斩□□□	(榜题不清)	□□□□□吕布	吕奉先辕门射戟

图 29.44　南杨庄乡九辛庄关帝庙东壁

西山墙

圣帝君封□□□	□□□□□□□	东岭关斩孔秀	洛阳□□斩韩福孟坦	（被遮挡）	（画毁）
长坂坡赵云救主	定三分亮出茅庐	刘关张古城聚会	古城□□斩□□	（被遮挡）	（画毁）
七星（画毁）	周公瑾赤壁鏖兵	关云长义释曹操	□□□忠	（被遮挡）	（画毁）

　　除此之外，宋家庄镇上苏庄关帝庙、代王城镇张中堡关帝庙、宋家庄镇西柳林北堡关帝庙、南岭庄乡东蔡庄关帝庙、南留庄镇水西堡关帝庙等山墙壁画皆为 6 列连环画，但画面损毁程度均超过三分之二。下面只描述壁画中的特殊情节，如：

　　南岭庄乡东蔡庄关帝庙　两侧山墙壁画的内侧各立有一位文官，西壁为右丞相张世杰，东壁左丞相陆秀夫，各手持笏板而立。

　　南留庄镇水西堡关帝庙　山墙所绘连环画的每幅画间由山水、树木或楼阁自然分割，各幅画面大小不一，为不规则分布。画中的榜题随画的布局而设定位置，还有未设榜题的画。整个连环画从东山墙的"刘关张酒馆相遇"起，在此类壁画题材中表现"刘关张酒馆相遇"内容的仅此一例（图 29.45）。

图 29.45　南留庄镇水西堡关帝庙东壁·刘关张酒馆相遇

3. 山墙绘五列连环画

　　山墙绘五列连环画的关帝庙仅留存 2 座。壁画保存的完整性与榜题保存的数量方面均好于前者，但总体来看，壁画数量也仅为前者的一半左右。其中，宋家庄镇小探口关帝庙山墙连环画每面有 20 幅，但只保存了一面山墙。杨庄窠乡席家嘴关帝庙每面山墙皆为 14 幅，共 28 幅。

　　宋家庄镇小探口关帝庙　位于堡内东西主街西端，西墙马面内侧墙下。正殿坐西面东，面阔单间，硬山顶，进深六架梁出前檐廊。殿内西、北墙重新修缮，涂刷白灰浆，南墙尚存壁画，绘 4 排 5 列的连环画，每幅画间采用卷云相隔，每幅画均有榜题，尚有一半内容可释读。从色彩上看，其是民国时期的作品（图 29.46）。

南山墙

口口口口口口口	口口口口口口口	（榜题被覆盖）	圣帝君挂印封金	（画被覆盖）
口口口口	圣帝君秉烛口口	帝君口口口颜良	（榜题被覆盖）	（榜题被覆盖）
东岭关斩孔秀	帝君洛阳关斩韩福孟坦	帝君斩王植	帝渡口关口口口	圣帝君大战夏侯惇
口口口口口	帝君斩卞喜	帝君口山收口口	（无榜题）	（1/2画）

杨庄窠乡席家嘴关帝庙　殿内墙壁尚存清末民国时期的壁画,保存较差。两侧山墙绘 3 排 5 列的连环画,两侧第 3 排内侧各缺 1 幅,画间没有明显的分割线。从连环画先后顺序来看,东山墙从第 3 排第 2 列北下角的"祭天地桃园结义"始,之字形向上,到第 1 排第 5 列"刘宣德智退许褚";西山墙从第 3 排第 1 列"关口袭斩车胄"始,之字形向上,到第 1 排第 5 列"诸葛亮博望烧屯"。

东山墙

（榜题毁）	白门会斩吕布	曹操青梅论英雄	汗先帝许田射鹿	刘宣德智退许褚
关公射侯成口马	吕奉先辕门射戟	刘宣德北海解围	虎牢关三战吕布	口口口口口口口
	祭天地桃园结义	口口士口口马	破黄巾斩寇口口	安喜口口口口口

西山墙

关云长府库封金	口口口口口口口	廖化献状元首级	关云长立斩蔡阳	诸葛亮博望烧屯
延津诛文丑	策马斩颜良	口口口口口口口	曹公进马	关云长秉烛达旦
关口袭斩车胄	口口口口口口口	口口口口口云长	孔明白河聚水	

4. 山墙绘四列连环画

山墙绘四列连环画的关帝庙仅留存 9 座,总体来看,壁画的完整性与榜题保存状况较好,除下宫村乡东庄头关帝庙与阳眷镇豹峪关帝庙因各有一面山墙倒塌或重砌导致壁画全毁外,其他 7 座壁画的榜题都有超过一半以上可以释读。

从保存较完整的连环画的内容来看,所绘内容为关羽生平故事。故事情节皆从"桃园三结义"起,其中蔚州镇李堡子六神庙关帝殿、涌泉庄乡陡涧子关帝庙、涌泉庄乡西任家堡关帝庙 3 处到古城聚会止;下宫村乡苏邵堡关帝庙与南留庄镇滑嘴关帝庙 2 处山墙壁画未按《三国演义》事件的主线展开,顺序较乱,结束于"威震华夏"。

蔚州镇李堡子六神庙关帝殿　殿内壁画保存较好,虽然可能在修缮时重绘,但也是以原画为基础描绘的,民国风韵明显。东、西山墙各为 3 排 4 列的连环画壁画,每幅画间采

图 29.46　宋家庄镇小探口关帝庙南壁

用流云与树木分割,画面虽不规则,但总体来看富于变化且显生动(图 29.47、48)。内容上,从桃园三结义起,到斩蔡阳古城聚会止,所绘的是关羽征战生涯最为辉煌的一段。壁画榜题的字数未固定,从 4 字到 8 字皆有,且绘画选择的内容与《三国演义》难以一一对应。这说明到民国时期,关帝的传说在民间已完全通俗化。

东山墙

桃园三结义	鞭打都邮	辕门射戟	关圣帝言退徐褚
二义士送马赠金	酒尚温时斩华雄	陶公三让徐州	昭烈帝徐州失散
(无榜题)	虎牢关三英战吕布	候城盗马	秉烛达旦

西山墙

曹操赐马赠金银	帝君延津诛文丑	霸陵桥曹操饯行	汜水关剑斩卞喜
大战夏侯墩	圣帝策马斩颜良	东岭关怒斩孔秀	黄河渡口斩秦祺
卧牛山收周仓	挂印封金	洛阳关斩韩福孟坦	斩蔡阳古城聚会

涌泉庄乡陡涧子关帝庙　正殿山墙各为 3 排 4 列的连环画壁画,画间采用山水、花草分割,画面虽不规则,但部分画幅舒张有度。东、西山墙壁画内容的选择,与蔚州镇李堡子

图 29.47　蔚州镇李堡子六神庙关帝殿东壁

图 29.48　蔚州镇李堡子六神庙关帝殿西壁

六神庙关帝殿既有相同之处,也有不同,但都是从"桃园结义"起,到"古城□□□"止。每幅画皆有榜题,但榜题字数不固定,从 4 字到 8 字皆有。完全可释读榜题的有 7 幅,可释读其中部分内容的有 10 幅,再借助于画中内容,基本上可以猜出壁画表现的内容(图 29.49、50)。

东山墙

桃园结义	□□□□□	大□□□	□□□□
酒温斩华雄	辕门射戟	□战吕□	三让徐州
□□□鹿	水淹□□	□□□□□□	□□□□

西山墙

□□降雪	下马憎金	□□□□	□□□□
朝□□门	东岭关斩孔秀	洛阳关斩韩福孟坦	荥阳关斩王植
□水□□□	□渡□□	马跃□溪	古城□□□

图 29.49　涌泉庄乡陡涧子关帝庙东壁

图 29.50　涌泉庄乡陡涧子关帝庙西壁

涌泉庄乡西任家堡关帝庙　南、北两山墙壁各绘 4 排 4 列 16 幅连环画,共 32 幅,采用规则的方格将每幅画分割。壁画也是从"桃园三结义"起,到"会古城□□聚义"结束。南山墙每幅画右上角有榜题。北山墙每幅画左上角有榜题(图 29.51、52)。

北山墙

桃园三结义	二义士送马赠金	破黄巾斩寇立功	□海城迎见□□□
安喜县鞭打都邮	酒□□□□□	曹孟□□□□□	□□煮酒论英雄
徐州兵退袁术	□帝君□斩□□	□□□□□□	陶公祖三让徐州
吕奉先辕门射戟	虎牢关三战吕布	丁□□□□□兵	□门□□□□□

南山墙

帝君孟津诛文□	□马□前斩颜良	张文远土山说说	徐州失散
□□□陵桥饯行	封金挂印	秉烛达旦	曹操敬足金战袍
云阳关怒斩王植	汜水关斩卞喜	洛阳关斩韩福孟坦	□岭关怒斩孔秀
会古城□□聚义	□□阳□□□□	帝君大战夏侯□	黄河渡口斩秦琪

图 29.51　涌泉庄乡西任家堡关帝庙北壁

图 29.52 涌泉庄乡西任家堡关帝庙南壁

下宫村乡苏邵堡关帝庙与南留庄镇滑嘴关帝庙 2 处山墙壁画没有按《三国演义》事件的主线展开,顺序较乱。

下宫村乡苏邵堡关帝庙 两侧山墙各绘 3 排 4 列连环画式壁画,采用直线分割为矩形。壁画保存尚好,从色彩上判断为清中期作品(图 29.53、54)。

东山墙

酒温斩华雄	□□□□ (榜题被覆盖)	□破黄巾	桃园结义
关公斩彦良	□□□□ (榜题被覆盖)	土山顺说	三战吕布
卧牛山收周仓	□□□□	霸桥饯别	曹公赐马

西山墙

献长沙	箭射盔缨	大战黄忠	风雪请孔明
抬棺战关公	单刀□会	义释颜晏	威振华夏
(榜题毁)	夜战马朝	华容□曹	古城斩蔡阳

图 29.53　下宫村乡苏邵堡关帝庙东壁

图 29.54　下宫村乡苏邵堡关帝庙西壁

南留庄镇滑嘴关帝庙　两侧山墙绘 3 排 4 列连环画式壁画,每幅画间采用直线分割为矩形,底排内侧绘其他图案(图 29.55、56)。

东山墙

土山义说	三战吕布	怒打督邮 (画 1/2)	桃园结义 (画残)
颜良	曹公送马	秉烛达旦 (画 1/2)	许田射鹿 (画 1/2)
	霸桥饯别	独行千里	文丑

西山墙

风雪请孔明	古城聚义	古城斩蔡阳	五关斩将
大战庞德	大破黄巾	义□颜彦	单刀赴会
献长沙	□□□□	花荣当曹	

图 29.55　南留庄镇滑嘴关帝庙东壁

图 29.56　南留庄镇滑嘴关帝庙西壁

壁画中的故事情节没有完全按《三国演义》中的顺序排列，而是具有随意性。如："大破黄巾"的顺序有误，《大破黄巾》讲述汉灵帝宠信宦官，朝政日荒，天下大乱，涿州人刘备路过此地见榜长叹，巧遇燕人张飞，又遇关羽，三人共饮。刘备提出刘关张三人结为异姓兄弟，共举国家大事。前往刘焉处投效揭榜。此时，正值贼将率贼来犯，关、张奋战英勇，刘备指挥众将士大举进攻，打败众贼，获得全胜。因此，应在"桃园结义"之后。

下宫村乡东庄头关帝庙与阳眷镇豹峪关帝庙各有一面山墙倒塌或重砌，但另一面山墙壁画保存皆较完整。

下宫村乡东庄头关帝庙　南墙已坍塌，北墙残存有壁画。壁画为连环画式，3 排 4 列（图 29.57）。

北山墙

秉烛达旦	挂印封金	曹操进马	土山归汉
立诛文丑	立斩颜良	立斩华雄	三战吕布
桃园结义	王苏献马	大破黄巾	单刀赴会

图 29.57　下宫村乡东庄头关帝庙北壁·三战吕布

阳眷镇豹峪关帝庙　位于正殿东次间。正壁壁画已漫漶，可见底部所绘为波涛翻滚，上面左右各绘一条龙。中间空出，其前面应置有关帝神像。东壁绘 3 排 4 列的连环画，每幅画皆有榜题。从色彩判断，壁画应是清中期的作品（图 29.58）。

东山墙

侯成盗马	陶公祖徐州让印	□门关前斩吕布	□□□煮酒共论英雄
辕门射戟	玄德公北海解围	虎牢关三战吕布	酒未温时斩华雄
桃园□□	义士赠马	刘关张大破黄巾	安喜县鞭打督邮

南留庄镇水东堡关帝庙与宋家庄镇大固城关帝庙两侧山墙壁画画幅较大，皆为 2 排 4 列，是蔚县现存关帝庙《三国演义》连环画画幅数量较少的案例。

宋家庄镇大固城关帝庙　东、西山墙壁画总体可辨，每侧绘 2 排 4 列，各有 8 幅，共 16 幅。每幅画之间以花草、山石隔开，虽未采用直线矩形，但也相对规整。东壁有 5 幅残存榜题，西壁仅 1 幅残存榜题。从内容看，以 16 幅画不仅表现了关羽征战的一生，而且其中还有张飞、庞统等人物，呈现出时间跨度大、表现人物多的特点（图 29.59、60）。在山墙连环画的北侧，即与北壁相连的内侧，还各立有一位武将，似在为正壁正中的关羽值守。

图 29.58　阳眷镇豹峪关帝庙东壁·酒未温时斩华雄

东壁

□□□□□□	□□□□□□	□□□□□□	云长□定寄子
卧牛山收周仓	刘关张观地理图	张飞拉过长坂桥	落凤坡前换马

图 29.59　宋家庄镇大固城关帝庙东壁

西壁

			□帝君单刀赴会
□□□□□□	□□□□□□	□□□□□□	□□□□□□□公

图 29.60　宋家庄镇大固城关帝庙西壁

（二）《关帝巡游图》

关帝庙壁画中绘《关帝巡游图》的仅留存 1 例，即涌泉庄乡阁家寨关帝庙。该庙正殿内山墙并未绘制主流的关公生平事迹题材壁画，而是分别绘《关帝出游图》与《巡游凯旋图》。此处之所以称为"帝"，是因为关羽乘銮车，戴官帽，着官袍，双手持笏板，有帝王的形象。

东山墙绘《关帝出游图》。画中关帝乘銮车，前有令旗与乐队列队开道，后有周仓持青龙偃月刀与周平持剑跟随（图 29.61）。

图 29.61　涌泉庄乡阁家寨关帝庙东壁

西山墙绘关帝《巡游凯旋图》，画面中间部分为一块黑板所遮挡，从残存内容来看，前有令旗手开道，后面有銮车，銮车后有周仓持青龙偃月刀与周平背扛《左氏春秋》跟随(图29.62)。

图29.62　涌泉庄乡阎家寨关帝庙西壁

三、三义庙壁画

三义庙是乡民祭拜刘、关、张的庙宇，与关帝庙不同的是，正殿两侧山墙连环画式壁画所绘内容并非以《三国演义》中的关羽事迹为主线描述故事，而是更多地将书中其他著名人物，如刘玄德、张翼德、诸葛亮、赵云等人的事迹表现在壁画中。蔚县现存明确是三义庙的庙宇仅宋家庄镇上苏庄三义庙。由于村民对祭拜关羽的庙宇皆称为关帝庙，且对关帝庙和三义庙不加以区别，因此蔚县其他村庄是否还现存有三义庙，还需要进一步考证，或许通过壁画内容也可判定。

宋家庄镇上苏庄三义庙　上苏庄村堡分别建有关帝庙与三义庙，其中三义庙位于关帝庙东侧南北巷的北端，堡北墙马面顶部。从外侧远望，高大的包砖马面上修建庙宇显得十分壮观。据《重修三义殿碑记》记载，三义殿曾于嘉庆十三年重修。

殿内正壁绘《关公坐堂议事图》，正中为关公，头戴冠冕，双手持玉圭在胸前。两侧各立2位侍女。东侧的2位侍女正在专注地读一本书，其中一位用手指指着书中的内容似在点评；西侧的2位侍女，内侧者的手中捧一物，外侧者手中捧大印；侍女外侧各坐一位头戴冠冕的公侯，公侯的身份有待进一步考证。再外侧分别为左丞相陆秀夫、右丞相张世杰，各手持笏板而立；最外侧，东侧为持剑关平，西侧为持刀周仓。

壁画中2位侍女所读之书,虽该书页下部有三分之一已毁,但依据其中的"分香卖履",基本可以判断为毛宗岗本《三国演义》。毛宗岗,字序始,清初文学批评家。毛宗岗为丰富小说内容和体现尊刘抑曹对原本有较大改动。壁画中的这段便是毛宗岗修改时增加的内容。

东、西山墙壁画为连环画式,各4排3列12幅,共24幅,内容选自《三国演义》。画间采用直线分割为矩形,东山墙榜题在右上方,西山墙榜题在左上方。

东山墙

刘玄德三顾草庐	诸葛亮火烧新野	刘玄德□□□□
赵子龙单骑救主	张翼德大喝长板桥	诸葛亮舌战群儒
用奇□孔明借箭	七星坛诸葛祭风	三江口周郎□□
(未拍)	关云长大战黄忠	关云长单刀赴会

西山墙

□□□□□□丧	孔明三气周公瑾	刘□□洞房续佳偶
落凤坡凤雏命终	赵云截江夺阿斗	□阳□庞统理事
马超大战葭萌关	孔明定计捉张任	张翼德义释严颜
关云长刮骨疗毒	关云长放水淹七军	(未拍)

从可释读榜题的21幅壁画叙述的故事内容可以看出,三义庙壁画所选取的故事中,表现关羽的只有4幅,而主要描述的是刘玄德、诸葛亮、张翼德、赵子龙、马超、庞统、周瑜等人物的故事,其中与诸葛亮有关的5幅,与刘玄德有关的3幅。榜题中的用词也不是严格按《三国演义》中的用词,而是融入了画匠与村民的通俗说法。《三国演义》中回名是"诸葛亮痛哭庞统",并未在标题中体现庞统阵亡,而壁画榜题表述很直白,直接采用凤雏命终。

四、多神共祭的关帝壁画

关帝与其他神祇共祀同一殿堂内的现象较为普遍,多是与龙神、三官、玉皇等共享一殿,但关帝作为主神出现在明间的情况较少。这一现象从侧面说明关帝在百姓信仰中的地位是低于龙神、三官、玉皇的。留存有多神共祭关帝壁画者,以代王城镇大德庄村东堡三官庙与柏树乡西高庄玉皇庙壁画保存较好。

代王城镇大德庄村东堡三官庙 殿内为三官、龙神、关帝共祭。正壁壁画的明间为三官题材,西次间与西山墙绘龙神题材,东次间与东山墙绘关帝题材。

东次间绘《关公坐堂议事图》，正中为关公，该壁画与众不同之处是在两侧后持扇侍童外侧，西侧立一位手持《春秋》的随从，东侧立一位手捧大印的随从（图 29.63）。

东山墙采用连环画形式表现《三国演义》中关羽的故事，各情节之间虽没有明显分割，但还是能区分开，共有 2 排，每排 4 幅画，其中第 1 排相当于其他关帝庙中的一面墙，第 2 排相当于其他关帝庙中的另一面墙（图 29.64）。壁画中榜题尚有残存，其中可见的榜题为"刘关张破黄巾斩寇立功"。

柏树乡西高庄玉皇庙　位于堡东门外，整体坐北面南。正殿正壁未受损，东壁与西壁各有近一半的墙面已脱落，采用水泥抹覆。虽然壁画受损严重，仅有部分人物形象残存，但基本可以判定出各壁所表现的内容，殿内供奉 3 位神祇，即玉皇、关帝、龙神。东次间正壁与东壁壁画为关帝信仰的内容，其中正壁为《关公坐堂议事图》（图 29.65），东壁为 4 排 7 列连环画。

图 29.63　代王城镇大德庄村东堡三官庙正壁东次间

图 29.64　代王城镇大德庄村东堡三官庙东壁

图 29.65　柏树乡西高庄玉皇庙后墙东次间

五、特殊功能的小关帝庙壁画

涌泉庄乡辛庄村堡西北角小关帝庙　位于城堡西北角台上,坐南面北,殿宇低矮,硬山顶,面阔单间。该关帝庙的功能较为特殊,堡西北角一里之外原有一片汉墓群,此庙主要是起镇邪作用,以防汉墓破坏村堡风水。关帝庙中供奉的关帝被村民称为"立马关公"。这是蔚县留存有壁画的关帝庙中规模最小的一座,也是功能特殊的一座,供奉的是"立马关公"。殿内壁画为清末民国时期的作品。正壁绘有一顶帷帐,帷帐撩开露出后面的一条腾龙;正面没有画像,只有背景,推测原立有塑像。两侧山墙各绘2排3列连环画,内容为关公的故事。画中原有榜题,惜都已损毁。山墙第1排画基本保存,第二排因殿内堆着杂物而损坏。其中比较好辨认的是东壁第1排内侧的"刮骨疗伤"(图29.66)。

第四节　关帝庙壁画特点

一、壁画内容各取所需

蔚县现留存有壁画的47座关帝庙中,两侧山墙壁画占据绝大多数,但其中没有一堂

图 29.66　涌泉庄乡辛庄西北角小关帝庙东壁

关帝庙壁画与其他庙中相同。这一方面说明了蔚县各村对关帝的信仰都是有个性需求的,在绘画时可能是依据本村的信仰需求从粉本中选择故事;另一方面也说明蔚县境内关帝庙壁画的粉本众多,绘画工匠多,依据各自对关羽的理解进行绘画。这与北京市延庆地区关帝庙的壁画风格是一致的。

二、故事情节排序中有错乱

山墙连环画故事情节的排序总体遵循蔚县寺庙壁画的排序规律,即从最上一排或最下一排的某一个角起,然后呈"之"形展开。但在这一规律中,也有部分错乱的案例,如涌泉庄崔家寨关帝庙北壁从第 4 排的西下角"祭天地桃园结义"起,向东到"曹孟德许田射鹿",然后"之"字向上第 3 排与第 2 排最东的"云长五关斩秦琪",这 3 排遵循"之"字形的规律排序,但到第 1 排却突然从东上角折向了西上角。还有部分在某一情节错乱,如南留庄镇滑嘴关帝庙中,将本应属刘、关、张出道时的"大破黄巾",错到了西壁。

三、壁画的内容没有失败的关羽

在蔚县现存的关帝庙内,关羽的形象都是勇猛无比的常胜将军,《三国演义》中的"大意失荆州"与"败走麦城"这些片段是不会在壁画中出现的,因为关羽在民间已演变成武圣人,是不可能打败仗的。这一特点不仅是在蔚县,在北京延庆的关帝庙壁画中,甚至在华北地区现存的关帝庙中,都具有同样的特点。

四、壁画中的民间演绎

随着《三国演义》在民间的广泛流传,关帝庙壁画的素材源于《三国演义》也是必然现象,但民间艺人与普通百姓对三国的理解不可能十分精通,有的知识可能源自传下来的粉本,有的可能源于戏曲,有的则可能源于口口相传,因此壁画中的内容与《三国演义》大体一致,但也常有不同。另外,世人对关帝的崇拜使得关帝成为圣人,是常胜将军,不能战败,所以壁画中有关帝显圣,也有将关帝战绩夸张的。如:

辕门射戟　最早出自《三国志·吕布传》,是吕布为了阻止袁术派出的纪灵击灭刘备所使的计谋。后来罗贯中将这个典故改编为脍炙人口的"吕奉先射戟辕门",即《三国演义》第十六回,三国名将吕布以他精湛的箭法平息了一场战争。在留存的壁画中,有辕门射戟内容的壁画达到了 9 幅(图 29.67)。这说明村民对吕布辕门射戟救刘备大为称赞,但在表现吕布这一猛将的形象时,却多将吕布绘得矮小、瘦弱,与关羽相比根本不在一个气势上。

图 29.67　阳眷镇豹峪关帝庙东壁·辕门射戟

活捉吕子明　这幅画出现在柏树乡永宁寨关帝庙南壁连环画中倒数第 2 幅(图 29.68),吕子明即吕蒙,吕蒙是东吴攻灭关羽的最早倡议者,关羽虽没有直接死在吕蒙手中,但与吕蒙之计有直接的关联。在《三国演义》中吕蒙死于第七十七回,吕蒙是被关公附体索命而亡的,但民间百姓恨吕蒙设计害死关公,所以在壁画的表达中,在"玉泉山显圣"前单独出现了关公"活捉吕子明"这一情节。

图 29.68　柏树乡永宁寨关帝庙南壁·活捉吕子明

酒尚温时斩华雄　是《三国演义》中的一个经典情节。描述的是董卓废黜少帝刘辩而立陈留王刘协为帝后,残暴不仁、擅权于朝堂。以袁绍、曹操等人组成的关东十八路诸侯共同讨伐董卓,然而前锋孙坚在进军汜水关时被华雄击败,华雄不可一世,在潘凤等大将接连被华雄斩杀之时,关羽主动请缨前去战华雄,在温酒未冷却的极短时间内斩杀华雄,关羽从此名震诸侯。《三国演义》第五回有诗云:"威镇乾坤第一功,辕门画鼓响冬冬。云长停盏施英勇,酒尚温时斩华雄。"其中用的是"酒尚温时斩华雄"。但在蔚县部分壁画的榜题中出现了"酒未温寒斩华雄"与"酒未温时斩华雄"(见图 29.58),这说明在民间传说中,对原文本意理解有误,可能理解为酒还没有热,便把华雄斩杀了。

秉烛达旦　《三国演义》中关于关公夜读《春秋》的情节有两段。第一段是第二十五回中关公土山约三事后,暂投曹营途中,书中描述"关公收拾车仗,请二嫂上车,亲自护车而行。于路安歇馆驿,操欲乱其君臣之礼,使关公与二嫂共处一室。关公乃秉烛立于户外,自夜达旦,毫无倦色。操见公如此,愈加敬服"。第二段是在关云长挂印封金离开曹营,过五关斩六将的途中至荥阳时,太守王植欲加害于关公,王植令从事胡班放火烧馆驿。书中写道:"胡班寻思:'我久闻关云长之名,不识如何模样,试往窥之。'乃至驿中,问驿吏曰:'关将军在何处?'答曰:'正厅上观书者是也。'胡班潜至厅前,见关公左手绰髯,于灯下凭几看书。班见了,失声叹曰:'真天人也!'"

　　这两段虽然都是关公秉烛夜读,但两段背景还是有区别的,第一段曹操居心不良欲害关公,第二段更是胡班献密谋救关公。在蔚县关帝庙壁画中,柏树乡永宁寨关帝庙中有"秉烛达旦",其最经典的画面是胡班在厅外偷看(图29.69)。而偷看的这一情景在投曹营途中是不存在的。蔚县目前留存的9幅有榜题的秉烛达旦中有5幅都有胡班在厅外偷看,这说明在理解秉烛达旦与胡班献密谋偷看这两个不同背景的情景时,工匠与村民还是有误解的,当然也有可能是工匠为了增加画面的喜感而为之。

图29.69　涌泉庄乡西任家堡关帝庙南壁·秉烛达旦

第三十章　三官庙壁画调查与研究

三官信仰源于中国古代先民对天、地、水的自然崇拜。在传统社会,天、地、水是人们生产、生活的必要条件,没有它们,人类便无法生存,因此人们常怀敬畏之心,虔诚地顶礼膜拜。此外民间还有天官赐福、地官赦罪、水官解厄的信奉。在蔚县的乡村中,三官信仰虽不普及,但仍遗留多座三官庙壁画。

第一节　三官庙基本情况

田野调查结果显示,蔚县境内的三官庙多分布在县域中部的壶流河川地带,非河川平原地带仅在北部的山脚下发现过,如北水泉镇的南柏山、马圈,阳眷镇的大台村。经过田野调查、查阅相关资料或老乡口头流传等了解,经不完全统计,蔚县遗留的三官庙共有36座,其中,遗留有壁画的13座,旧构或旧址重建后重绘壁画的有2座,旧构遗留或遗址尚存的有21座。

三官庙多选在村庄交通便捷之处,既有独立而建的庙院,又有与观音殿背靠的三官庙,还有建于寺庙中的三官庙。另外,还有与其他神祇共享一堂的三官庙。

蔚县三官庙遗留有纪年的极少,经过对田野考察发现的石碑、匾与题字进行整理,目前仅有2座三官庙遗留有纪年信息,但仅从这些纪年还很难判定壁画绘制的时间(表30.1)。

表30.1　三官庙碑记、壁画题记时间一览表

位　　置	载体形式	年　　代
南留庄镇水西堡三官庙	《重修三官庙楼台记》 《重修三官庙碑记》 东壁壁画北上角题字	万历十三年 乾隆十九年 道光十六年
代王城镇大德庄东堡三官庙	《重修三官庙》 《重修三官庙碑记》	顺治十三年 乾隆二十八年

从近年重修的寺庙情况来看，只有少数村庄重修或重绘了三官庙壁画。蔚县遗留的三官庙和壁画大多数未得到重修，其重修的比例与数量远不如关帝庙、观音殿、泰山庙、龙神庙、真武庙、五道庙和佛寺。或许这也从另一个方面印证了民间信仰的实用主义：关帝重义、观音慈悲、奶奶送子、龙神得雨，而真武高蠹乃一村之象征，五道乃人生之终点归属，佛教更是普及到每一个乡村，所以这些寺庙能深深地扎根于民间，而三官信仰随着福禄寿三星的普及而逐渐淡出。

第二节　三官庙壁画中神祇的研究

在道教神系中，天、地、水三官是神阶较高的尊神，源于中国古代先民对天、地、水的自然崇拜。他们作为道教最早敬奉的神灵，出现时间要早于三清。天、地、水三官既可统称为三官大帝、三元大帝、三官帝君，又有各自的封号，而在各类道教书籍中，三官的封号可谓差异较大。地官被称为清虚大帝，亦称青灵帝君；水官被称为扶桑大帝，也称洞阴大官、旸谷帝君；天官除紫微帝君名号之外，还有元阳大帝名号。三官的封号里还有曜灵、洞灵、金灵等字。宋明以后因三清四御的确立，三官的职掌范围有所缩小，一般认为他们掌管人间祸福、天神转迁、生死轮回诸事。

三官的诞辰日即为三元日。自唐宋以来，三元节都是道教的大庆之日。明代以来，各地建有许多三官殿、三官堂、三元庵、三官庙等。每逢三元节，人们都要到庙宇祭拜三官，忏悔罪过，祈福免灾。届时信仰三官的人都要禁荤食素，称为"三官素"。

三官之中，在民间信仰最为普遍的还是天官。如"天官赐福"年画，画中天官，身着红色官服，龙袍玉带，手持如意，五绺虬须，面容慈祥，一派雍容华贵的气质。有时天官还携带五位童子，五位童子手中各捧仙桃、石榴、佛手、春梅和吉庆鲤鱼灯。以往中国民间每逢新春之时，皆贴这种年画，以求天官赐福长寿。天官还被视为"福神"。清代流行一种"赐福财神"，图中间即为天官手执如意端坐元宝之上，金山、银山、花卉、云龙和一个大"福"字位于上方，聚宝盆、手持"日日生财"旗子的童子位于下方，和合二仙和招财仙官、利市仙官立于两旁，表达了人们渴望天官赐福、财神送财的富裕理想。也有的将福神天官与禄、寿二神并列，旧时农历新年，三星图常挂于堂中，象征"三星在户"，显示多福、多寿、喜庆临门。

三官掌管着人间祸福、天神转迁、生死轮回诸事，三官信仰应是深入人心的，但在田野调查中，乡民首先提到的还是观音殿、龙神庙、关帝庙或泰山庙，经再三询问或提示乡民才会确认本村是否曾建有三官庙，说明三官信仰已逐渐从民间信仰中淡出。

第三节　三官庙壁画构图

三官庙壁画由后墙正壁、两侧山墙内壁组成。正壁壁画虽以《三官坐堂议事图》为核心，但壁画的内容出现较多的变化，而山墙壁画亦是内容多变。总体来看，三官庙壁画虽保存数量不多，但壁画内容变化多样，几无定式，说明明清时期的蔚县三官庙壁画并未形成一个公认的主流粉本。

一、正壁壁画

随着三官信仰的逐渐淡出，三官庙正壁壁画仅遗留 6 处。壁画以三官坐堂议事为核心，两侧分列随从或武将。现存 2 种表现形式，一是三官两侧列护法元帅或其他神祇，二是两侧增加了四值功曹。

（一）两侧列护法元帅或其他神祇

此类题材中，三官坐堂议事位居画面的核心位置，其随从与武将分列其左右，随从手中端宝物，武将手持宝剑。表现此类题材的壁画以东大云疃南庄三官庙与水西堡三官庙为代表。但此两幅壁画又分别有各自的延伸。

南杨庄乡东大云疃南庄三官庙　位于南庄东门内南侧。三官庙坐北面南，面阔三间。殿内尚存清中晚期壁画，整体保存较好，是蔚县三官庙现存壁画中保存最好的一座。

正壁明间绘《三官坐堂议事图》，三官头戴冠冕，身披玉袍，玉袍颜色各不相同，中间天官为绿色，西侧水官为红色，东侧地官为蓝色。天官两侧各立有一位随从，东侧地官身后立有一位手持"□□童子"牌位的随从，西侧水官身后立有一位手持"利市仙"牌位的随从。三官之外两侧各立有两位武将，四位武将仅能辨认 3 位：东侧右手执玉环、左手持骨朵的为温元帅温琼，手持金枪的为马元帅马天君；西侧手持铁鞭的赵元帅赵公明，另一位由于画面残损无法看清，这四位是否为道教的护法四元帅，还需进一步考证（图 30.1）。

正壁东次间供奉 2 位主神。1 位脸形微长，额头有眼，留着两缕稀疏的胡须，披发，身着沥粉贴金之黑袍，左手持剑，右手轻捋胡须，台坐之前方有回望的天狗。另 1 位由于画面破损，已难以看清。两位主神之后各有随从。外侧为持剑武将（图 30.2）。

正壁西次间供奉 2 位主神。1 位为真武，圆脸而留着稀疏的胡须，披发跣足，身着沥粉贴金之黑袍，右手持剑，左手握袍，宝座之前有相缠的龟蛇。另 1 位由于画面破损，只能看出面色微怒，身着战袍。两位身后各有随从。外侧为持剑武将（图 30.3）。

图 30.1　南杨庄乡东大云疃南庄三官庙正壁明间

　　两侧次间身着黑袍手持剑者可能为真武，将真武与三官同殿共供，而且是三官居中，真武位居次间，说明这里的乡民对三官信仰的重视程度超过真武信仰。

　　南留庄镇水西堡三官庙　位于堡北门顶部，重修于 2007 年 9 月，将三官庙修建于堡北墙上者在蔚县民堡中较为少见。大多数的民堡北墙正中多建有真武庙，规模稍大的在北墙下建一组建筑，地面的院中建有过殿，北墙顶建玄帝宫。

　　三官庙正殿，坐北面南，面阔三间，硬山顶。正殿两侧建东西耳房各一间，耳房与正殿间有廊相接，廊下分别立有 1 通石碑。东侧石碑为万历十三年（1585）的《重修三官庙楼台记》，碑文已漫漶。西侧石碑为乾隆十九年（1754）的《重修三官庙碑记》，正殿尚存清中后期壁画，保存较好。东壁壁画北上角有一列题字："道光十六年一月十二日□□□。"

　　正壁明间正中绘《三官坐堂议事图》，天官、地官、水官三官皆头戴冠冕，身着玉袍，双手于胸前持玉圭。天官两侧各立一位侍女，皆手持动物；水官与地官前也各立一侍女，地官前侍女手持动物，水官前侍女手持宝瓶。地官与水官外侧还有一位尖嘴、兔耳、鸟头、嘴含文书的随从（图 30.4）。东次间与西次间绘有护法四元帅与四位武将（图 30.5、6）。

　　正壁东次间绘温元帅温琼左手执玉环，马元帅马天君手持金枪，外侧立有两位武将；西次间为赵元帅赵公明手持铁鞭，关元帅关公手持青龙偃月刀，外侧立有两位武将。

图 30.2　南杨庄乡东大云疃南庄三官庙正壁东次间

图 30.3　南杨庄乡东大云疃南庄三官庙正壁西次间

图 30.4 南留庄镇水西堡三官庙正壁

图 30.5　南留庄镇水西堡三官庙正壁东次间

图 30.6 南留庄镇水西堡三官庙正壁西次间

陈家洼乡李家楼三官庙　位于旧村东侧，现为一座独立的庙院。山门为砖式小门楼，两扇门板上刻有"李家楼三元宫"字样。正殿坐北面南，面阔三间。正殿内原隔为3座庙，东殿为关帝庙，中殿为三官庙，西殿为龙神庙。现已将隔墙拆除。殿内壁表面涂刷白灰浆，壁画漫漶，应是清末民国时期所作。

三官庙正壁绘《三官坐堂议事图》，正中为天官、西侧为水官、东侧为地官，水官、天官、地官皆戴冠冕，着官袍，官袍依次为红色、绿色与蓝色。天官两侧各立一位侍者；三官外侧各立有一位持剑武将，武将上方各有两位端宝物的随从（图30.7）。

杨庄窠乡小辛留三官庙　位于堡南门外正对。正殿面阔单间，硬山顶，中间隔墙分为南北两殿，面南为三官庙，面北为观音殿。殿内正壁与东壁壁画尚存，西山墙已塌毁。从色彩上判断，壁画为清代中期作品。

正壁绘有《三官坐堂议事图》，正中绘有高大的天官，两侧是位置稍低的地官与水官（图30.8）。如此布局是为突出天官，在蔚县其他三官庙中并不多见。天官两侧各有4位侍从，东侧4位手上分别捧一只盘子，盘中有4类动物；西侧4位手中也持有物品，但难以分清。正壁壁画总体构图以弧形为主，不仅有别于蔚县其他三官庙壁画风格，而且在蔚县其他寺庙正壁的壁画中，也未见以圆形构图的。

（二）四值功曹列于天官之后

此类三官坐堂议事题材中，三官两侧除各有随从外，还增加了四值功曹值守于天官身后两侧。表现此类题材的以南张庄三官庙为代表，此外还有代王城镇大德庄东堡三官庙。

蔚州镇南张庄三官庙　位于堡南门外庙院内，正殿面阔单间，硬山顶，殿内隔为南北两座庙，南为三官庙，北为观音殿。三官庙殿内壁画损毁严重，墙壁被砍出麻点般的深坑，只能依稀看出壁画的大致轮廓。

正壁绘《三官坐堂议事图》，从西至东依次为水官、天官与地官，正中天官背靠帷帐。三官两侧各有一位随从，四值功曹值守帷帐两侧，东侧为日值功曹使者与年值功曹使者，西侧为月值功曹使者与时值功曹使者（图30.9）。正壁西下角还有一位持剑武将，东下角已损坏。两侧次间还各有3位神将。帷帐的上方与脊顶之间还有残壁画的痕迹，但画面漫漶，无法释读。

二、山墙壁画

依据田野考察，三官庙山墙壁画内容至少有以下3种表现形式：《三官巡游图》《众神朝拜图》《三官本生图》。

（一）三官巡游图

三官巡游在壁画中的表现形式是东壁绘《三官巡游图》，西壁绘《游毕回宫图》。三官巡游主要是为百姓赐福、赦罪、解厄。虽然蔚县仅有7座三官庙内遗留《三官巡游图》，但

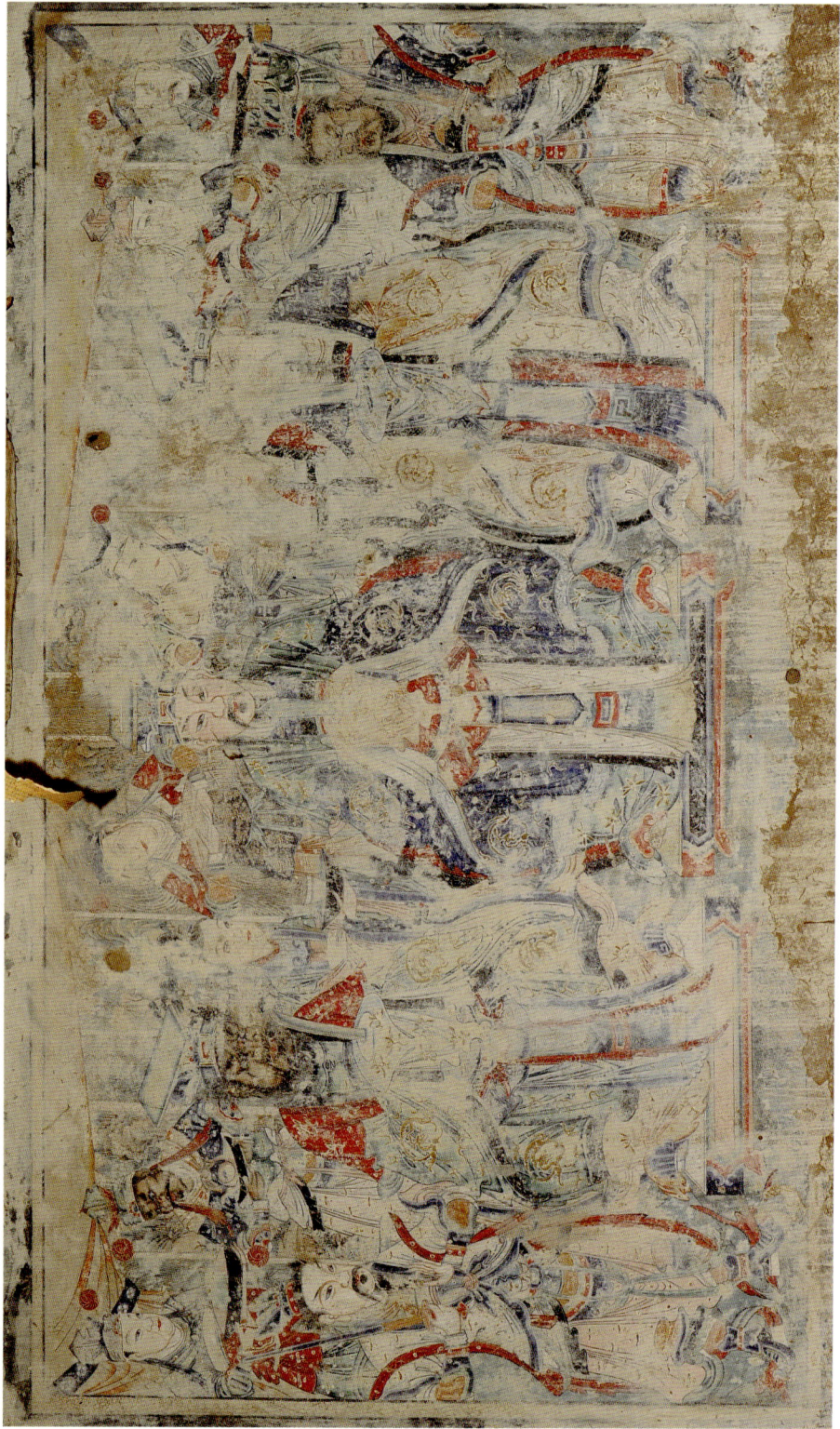

图 30.7 陈家洼乡李家楼三官庙正壁

图 30.8　杨庄窠乡小辛留三官庙正壁

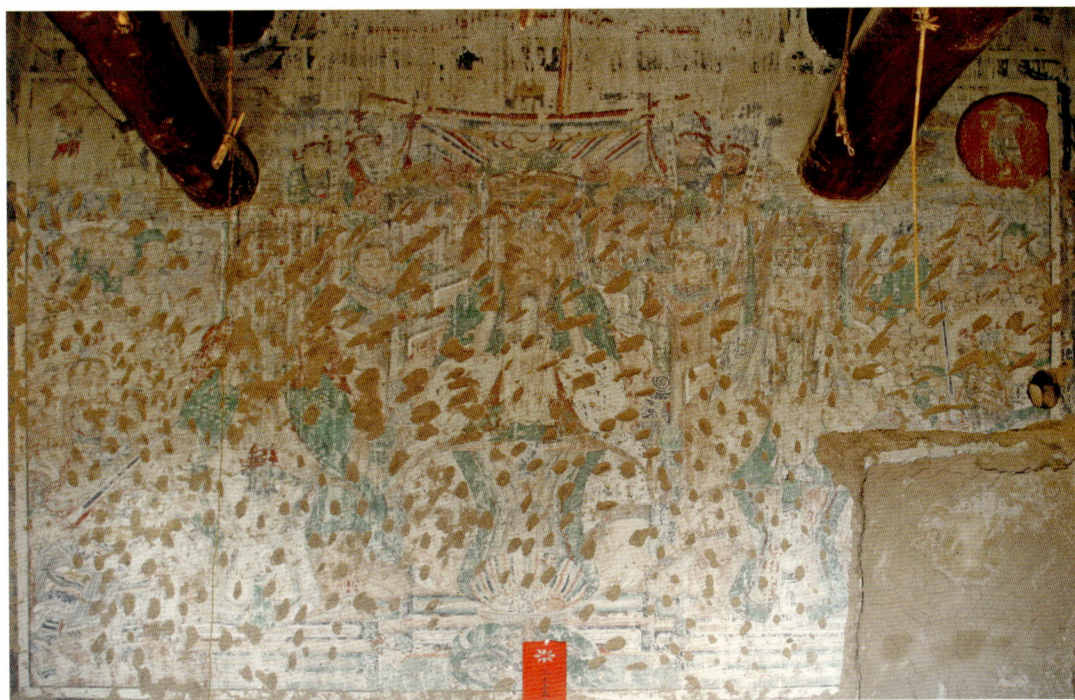

图 30.9　蔚州镇南张庄三官庙正壁

构图上也各不相同，表现在巡游队伍方面有简有繁，简时只有三官与随从，繁时则是一支庞大的神仙队伍。

南留庄镇水西堡三官庙　山墙绘《三官巡游图》与《游毕回宫图》，保存较好。东壁绘《三官巡游图》，三官各乘一驾马车，地官在前，天官居中，水官压阵，三官各自有随从相伴；护法四元帅位于画面下部，挥舞着兵器勇猛向前；壁画的底部表现的是民间，一位老汉带着一群孩童（图30.10）。

西壁绘《游毕回宫图》，三官各乘一驾马车，地官在前，天官居中，水官在后，三官各自有随从相伴，护法四元帅悠闲走在回宫的途中（图30.11）。

蔚州镇南张庄三官庙　东西两壁损坏严重，从残存的壁画来看表现的是三官巡游与游毕回宫的情景。

东壁北部绘宫殿，占整个画面约三分之一，宫殿高大、面阔三间，三层楼阁式；殿正中檐下悬匾，匾中写有4个字，但已漫漶；该匾下隐约还有一块匾，但毁损更严重；殿的西次间悬挂一块匾，上有"三元宫"3字；檐柱上有楹联，但字迹漫漶。画面主体的巡游部分，正中隐约可见天官、地官、水官的形象，走在前面的一位，在其上方有"清虚大帝"4字，此为地官；画的上部为四值功曹；画面的南侧上角有一骑马飞奔的传旨官，这与蔚县龙神庙中《雨毕回宫图》中的传旨官形象相似（图30.12）。

西壁构图与东壁相似，北部为高大的宫殿，面阔三间，三层楼阁式；殿正中檐下悬匾，匾中有"天地水府"4字；檐柱上有楹联，但字迹漫漶；殿前檐下台明边立有2位侍女，双手托盘；殿台明下还有数位官人站立恭候。画的主体是天官、地官、水官回宫，天官上方带有"上元赐福"4字；三官后面紧随的是四大功曹，下为月值功曹使者与时值功曹使者，上为日值功曹使者与年值功曹使者（图30.13）。

除上述外，山墙壁画中表现三官巡游的还有蔚州镇南樊庄三官庙、杨庄窠乡小辛留三官庙、暖泉镇西古堡三官庙、白草村乡钟楼三官庙等。

杨庄窠乡小辛留村三官庙　正殿西墙倒塌，仅存东墙；东壁曾贴过报纸，壁画受损严重，从内容来看，残画表现的是三官出行，尚存天官与地官（图30.14）。

白草村乡钟楼村三官庙　原为一座庙院，如今山门与正殿尚存，院墙已毁塌。正殿内北墙壁画保存较少，几乎无存，且明显不同于东、西墙，应是清代晚期到民国时期的作品。东、西山墙壁画以红色和绿色为主，为清中期作品，保存一般。东壁可见天官、地官与水官三位分别坐于车中，前有巨鸟拉车，前后簇拥着众仙随从，表现的是三官巡游。西壁也可看到天官、地官与水官3位分别坐于车中，众仙随从簇拥在周围。

图 30.10　南留庄镇水西堡三官庙东壁

图 30.11　南留庄镇水西堡三官庙西壁

图 30.12　蔚州镇南张庄三官庙东壁

图 30.13　蔚州镇南张庄三官庙西壁

图 30.14 　杨庄窠乡小辛留三官庙东壁局部

图 30.15 　白草村乡钟楼三官庙西壁局部

　　此壁画中有 2 位嘴衔文书的小神（图 30.15），此类小神还出现在南留庄镇水西堡三官庙正壁壁画中，形象为尖嘴、兔耳、鸟头，嘴衔文书（图 30.16）。但在蔚县此形象的小神只在三官庙中出现，其他庙宇未见。远在陕西的府谷县麻镇大庙内三官庙壁画中也出现与此形象一样的小神，说明此小神是伴随在三官周边，传达文书一类的神（图 30.17）。

图 30.16　南留庄镇水西堡三官庙正壁局部　　　图 30.17　陕西府谷县麻镇大庙三官庙东壁局部

（二）《众神朝拜图》

现存有《众神朝拜图》的三官庙壁画，目前只发现在逢驾岭三官庙、西大云疃三官庙与大酒务头三官庙中，保存最为完整的当属逢驾岭三官庙。

蔚州镇逢驾岭三官庙　位于堡南门顶上，与观音殿背靠，正殿面阔三间（坐二破三式），硬山顶，进深五架梁，面南为三官庙，面北为观音殿。

三官庙山墙绘《众神朝拜图》，每壁从上至下共 5 排，每排 4 列，每组绘有站立的 9 位神祇，四周皆有云雾围绕。从这些神祇的着装上来看，既不是神的袈裟，也不是普通百姓的粗衣；从神情上来看，既像是在虔诚地聆听主神的教诲，又好像是眼神迷茫地交头接耳。整个画面没有众神朝拜图那样庄严肃穆，各组神祇数量也机械统一，应是民间道教的画作，欲表达何意，需要进一步研究（图 30.18～20）。

宋家庄镇西大云疃三官庙　位于西大云疃村堡西门外空地南侧。三官庙为一座独立的庙院，整体坐北面南，山门无存，仅存正殿，正殿保存较好，面阔三间，硬山顶。脊顶有砖雕装饰，正中有牌位，上雕"天地三 界"。殿内墙壁表面涂刷有白灰浆并张贴报纸，脱落处尚可见部分壁画，从色彩看为清中晚期的作品。

正壁被旧报纸与白灰浆覆盖，底部露出几件官袍的下摆，从下摆的线条来看，其绘画手法娴熟。

东壁壁画已毁。西壁保存较为完整,所绘为《众神朝拜图》,上下一共 4 排,每排 6 列,每幅中画有 6~9 位不等的人物,皆身着袍衣,双手持笏板,面向北壁。比起蔚州镇逢驾岭三官庙中众神朝拜时的呆板,该堂《众神朝拜图》显得既严肃又有变化(图 30.21、22)。

白草村乡大酒务头三官庙　正殿内壁涂抹草拌泥并涂刷白灰浆。正壁墙皮已脱落,壁画已毁;东壁白灰浆较厚,未露出壁画;西壁正中有一片黑板大小的墙皮已脱落,周边白灰浆下壁画依稀可见。从残存的壁画来看,内容为《众神朝拜图》,现存 2 排,推测原有 3 排。民国时期的作品(图 30.23)。

(三)《三官本生图》

《三官本生图》通常以连环画的形式表现三官从出生、修行到成帝,成帝后感应民间,救民于苦难的故事。此类题材现存最为完整者当属东大云疃南庄三官庙,此外还有涧崂村三官庙。

南杨庄乡东大云疃南庄三官庙　正殿东、西山墙壁画为清中期作品,连环画式,每壁 2 排 4 列,各有 8 幅,共 16 幅(图 30.24、25)。

东壁

长女生上元	次女生中元	小女生下元	元□真仙□生为三元
诸神朝三官	□□精□神	山崩水涌	□□□□□三官大□

西壁

三官大帝	三官化道士送经救民	张用清女妊娘分娩请龙孙念经	颜光狱中赦出乃是经功报应
三元感应善男信女合家安乐	众生欠债殿下纳还	杨廷秀家堂供奉三元大帝	子贵夫妻□□□□

壁画所绘的是三官本生故事,从出生、成帝到感应救民于苦难,只用 16 幅画表现。前 3 幅为三官出生,在民间传说甚广。相传,龙王爷的 3 个女儿自愿嫁给陈子梼(又叫陈郎),各生了一个儿子,俱是神通广大,法力无边。老大于正月十五出生,元始天尊封他为上元一品九炁天官赐福紫微大帝(图 30.26);老二于七月十五生人,被封为中元二品七炁地官赦罪清虚大帝(图 30.27);老三是十月十五出生,被封为下元三品五炁水官解厄洞阴大帝(图 30.28)。

南留庄镇涧崂村三官庙　位于堡东门外北侧,为一座独立的庙院。正殿面阔三间,硬山顶,进深七架梁出前檐廊,中间隔墙(现已倒塌)将殿隔为两庙,面南为三官庙,面北为观音殿。

三官庙正壁壁画保存较差,表面刷涂白灰浆,颜色、图案漫漶。两侧山墙壁画为连环画式,各 3 排 6 列,每幅画的榜题为一列小字,大部分榜题文字漫漶,难以释读(图 30.29)。只有其中一幅,其中一段为"龙□有子龙道生发善心",另一段为"此病消除全家安愈"。此壁画虽为连环画形式,但内容上已无法与南杨庄乡东大云疃南庄三官庙进行比对。

图 30.18　蔚州镇逢驾岭三官庙东壁

图 30.19 蔚州镇逢驾岭三官庙西壁

图 30.20　蔚州镇逢驾岭三官庙东壁局部

图 30.21　宋家庄镇西大云疃三官庙东壁

图 30.22　宋家庄镇西大云瞳三官庙东壁局部

图 30.23　白草村乡大酒务头三官庙西壁局部

図 30.24　南楊庄郷東大云瞳南庄三官廟東壁

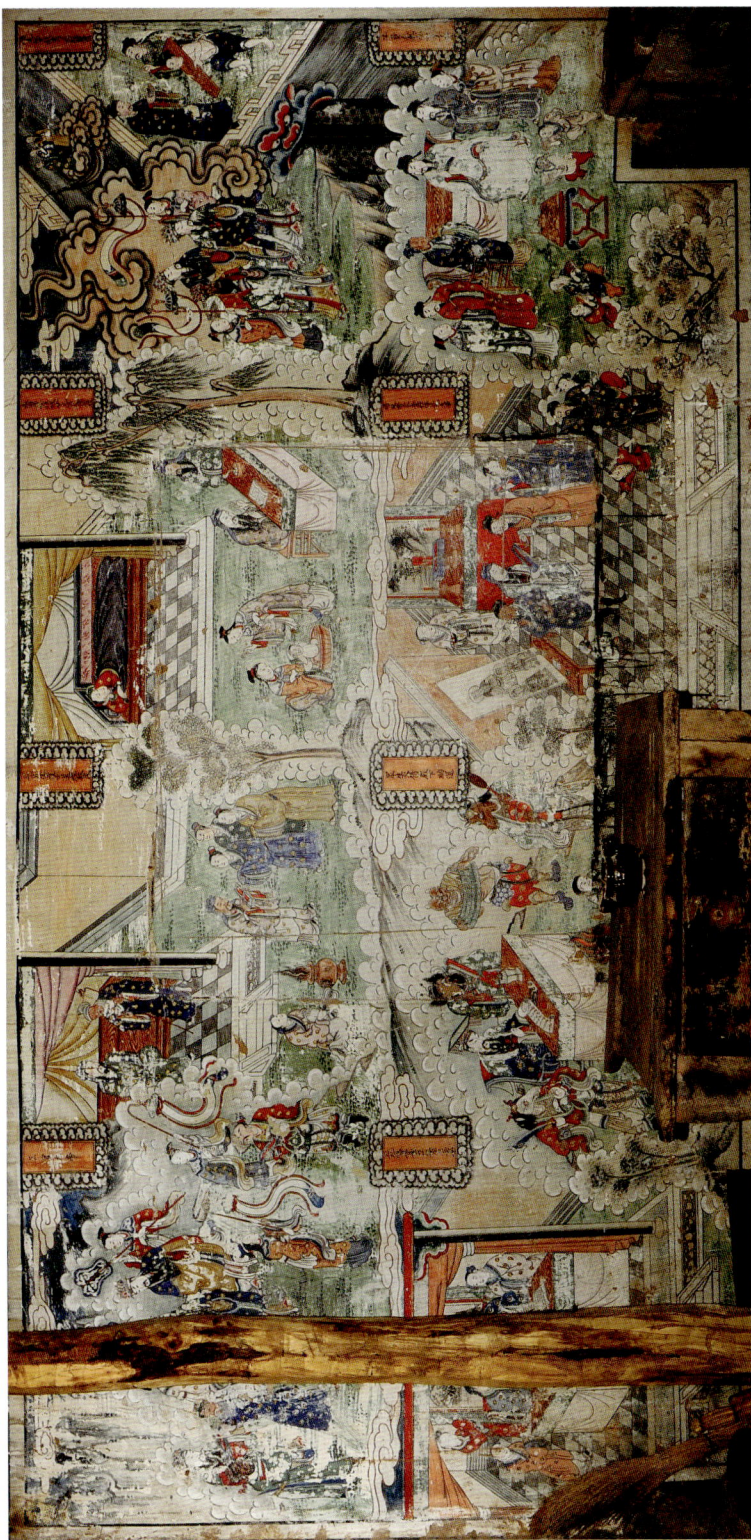

图 30.25　南杨庄乡东大云瞳南庄三官庙西壁

图 30.26　南杨庄乡东大云疃南庄三官庙东壁·长女生上元

图 30.27　南杨庄乡东大云疃南庄三官庙东壁·次女生中元

图 30.28　南杨庄乡东大云疃南庄三官庙东壁·小女生下元

图 30.29　南留庄镇涧堎村三官庙东壁局部

图 30.30 代王城镇大德庄东堡三官庙正壁明间

三、三神共享一殿

在田野调查中,三官庙与其他神祇共享一殿的情况常听乡民提起,但壁画遗留至今者较少,仅代王城镇大德庄东堡三官庙1例。

代王城镇大德庄东堡三官庙 位于东堡北墙外侧、壶流河南岸的台地上。庙院整体坐北面南,坐落在1.8米高的砖砌庙台之上,如今庙台包砖大部分脱落。庙院院墙和山门无存,仅存正殿和2通石碑。东为乾隆二十八年(1763)的《重修三官庙碑记》,西为顺治十三年(1656)的《重修三官庙》,石碑四周罩有砖砌碑亭。正殿面阔三间,殿内尚存清末民国时期的壁画,表面涂刷白灰浆,白灰浆脱落处仍可见壁画残存。

正壁明间绘《三官坐堂议事图》(图30.30),东次间绘《关帝坐堂议事图》(图30.31),西次间绘《龙母坐堂议事图》(图30.32)。这是一座三官、龙神与关帝共享一殿的庙宇,也是蔚县诸多三神共享一殿庙内以三官为主神,且有壁画保存的一座。

明间正中端坐天官、地官、水官,天官居中,水官位天官之右,地官位天官之左,三官两侧皆有持伞的随从。外侧为护法四元帅,东侧为手持金枪的马天君马元帅与手执玉环的温元帅温琼,西侧为手持铁鞭的赵元帅赵公明与手持青龙偃月刀的关元帅关圣帝君。上部还有4位功曹分列两侧。

东次间绘《关帝坐堂议事图》,中间为关帝,两侧各立一位持伞侍者,外侧有持刀的周仓与持书轴的关平。西次间绘《龙母坐堂议事图》,中间绘龙母,两侧为五龙王与雨师。龙母身披龙袍,袍上绣"王"字,两侧各立一位持伞侍者,周边簇拥的是雷公、风婆、四值功曹等诸行雨神。

第四节 三官庙壁画构图特点及与周边地区比较初探

一、蔚县三官庙壁画虽遗留数量较少,但壁画内容丰富

从蔚县仅存的11堂三官庙壁画来看,内容丰富,流传使用的粉本较多,各庙壁画自成风格。以三官坐堂议事为核心的正壁壁画共6幅,但却有多种表现形式。而山墙壁画变化更多,既有《三官巡游图》,也有《三官本生图》《众神朝拜图》,而仅有的3堂《三官巡游图》,在构图上完全不同。之所以出现较多粉本,我们推测是由于三官庙在蔚县的普及程度不如观音、关帝、真武等广泛,因此三官庙壁画粉本流传少,绘制三官庙壁画的画工对三官庙内容了解也少,擅于绘三官庙壁画的画工更少,因此在壁画内容上、风格上,随时间、地域的变化,形成了"百花齐放"的现象。

二、蔚县三官庙壁画数量名列前位

在中国传统社会,虽然三官信仰遍及全国各地,三官庙亦分布于全国各地,但从笔者所掌握的各类资料来看,目前国内除陕西佳县白云山白云观三官殿、府谷县麻镇大庙三官庙东壁遗留完整的壁画外,其他地区尚未发现整堂具有三官坐堂议事、巡游或本生等内容的完整壁画。

河南巩义石井村三官庙虽然遗留有壁画,但正面壁画内容为松鹤图、五老观太极、赵炎求寿、南极仙瓮、鹿及鹿童、老翁观月等,左右山墙壁画为武术图解,分小块画出各个武术动作,有三十六幅拳谱,此堂壁画表达的内容与三官完全无关。

陕西佳县白云山白云观三官殿建于明代,歇山顶建筑,壁画横约 8 米,纵约 4 米,表现的是《三官巡游图》(图 30.33)。从壁画内容来看,白云观三官殿中的巡游场景更加壮观,声势更加宏大[1]。

图 30.33　白云山白云观三官殿三官巡游局部

陕西省府谷县麻镇大庙三官庙,正壁与西壁为新绘壁画,东壁为旧画。东壁绘有三官出征,正中为骑于马背上、手持旨令的天官,两侧分别为骑于马上的水官与地官,周边簇拥着各位战神、武将、随从等(图 30.34),南侧下角站立有毕恭毕敬的土地神与山神;众神之

---

〔1〕 本书编委会编:《中国佳县白云山白云观壁画》,文物出版社,2007 年,第 284 页。

下方,有3位上拜的世间人物,似是叩谢三官的赐福。

鉴于此,蔚县遗留的三官庙壁画不仅数量位居前列,更是研究三官信仰流传、三官庙壁画流传极为难得的样本。

图 30.34　陕西省府谷县麻镇大庙三官庙东壁局部

第三十一章　佛教壁画调查与研究

佛教在蔚县传播的历史悠久,虽然其传入蔚县的具体时间难以考证,但处于交通十字路口的蔚县,自古便是文化交融之地。根据目前在蔚县境内发现的佛教石刻与寺庙遗址,从北魏的太平真君石刻,唐贞观时代的玉皇阁,再到辽代南安寺塔、小五台金河寺,以及辽、金的石刻造像,至元代的释迦寺,还有明代遗留的诸多寺庙,直至清代以寺庙为中心的各类宗教场所,可以说自北魏以来,佛教在蔚县这片大地上始终延续。

第一节　佛寺基本情况

依史料记载,东汉永平年间佛教传入中国,并修建了中国第一座佛寺白马寺,距今已有 1 900 多年的历史。

魏晋南北朝时期,是佛教盛行时期,也是中国佛教发展的第一个高峰。蔚县境内出土了 3 件与此阶段有关的佛教文物。

1982 年,从黄梅乡榆涧村一座寺庙内征集到一尊石造像,佛结跏趺端坐,座下雕供养人,佛像背光雕铭文,为北魏太平真君五年(444)造像(图 31.1)。

1993 年,在马寨村三教寺发现一座千佛塔,塔为石质,原九级,仅存八级,方形,各层均雕出檐,每层塔身正中有尖拱佛龛,龛内雕佛像一尊,周围、斗拱间雕刻着众多的小佛像菩萨、供养人,手印各异(图 31.2)。该塔与大同石窟内的檐、塔柱极为相近,年代也应相差不远。

再一件是原立于桃花镇双阳寺的两件经幢,其中一幢,在"农业学大寨"时被毁为农具。另一幢基本保存完好。经幢是八棱体,一面刻楷体"昭圣皇帝万岁,秦国大王千秋",余面刻经文小字,多已漫漶不清。该经幢所记秦国大王等,应为前秦苻坚年间事,此经幢可能为十六国前秦时期所造。

以上 3 件出土石刻造像与经幢,说明至少在北朝时期佛教已传入蔚县。

隋唐时期,佛教进入鼎盛时期,寺院林立,名僧辈出,形成了具有民族特色的中国佛教

图 31.1　北魏太平真君五年造像

图 31.2　马寨村三教寺千佛塔

宗派。蔚县现已发现有确切文字记载的唐代寺院有 3 处，一处是涌泉庄乡陡涧子村北的唐贞观时代的玉皇阁。据明洪武十六年(1383)四月的《玉皇阁铭》碑记载，此观创建于唐贞观年初，之后历代皆有重修。另一处是吉家庄镇东水泉村西的柳沟寺，据《(民国)察哈尔通志》载，柳沟寺"创建于唐，明隆庆、崇祯重修"。再一处是黄梅乡烟墩庄村东北石峰山上的东灵境寺，据明弘治二年(1489)的《重建东灵境寺碑记》载："如于唐世圣帝明皇建立禅寺，号曰东灵境寺。"

辽代是蔚县佛教发展的又一个鼎盛时期，辽代时建有南安寺塔和小五台的金河寺，新建了县城的双松寺(俗称后寺)。辽代的金河寺成为皇家活动区域，辽圣宗、道宗曾游幸小五台佛寺。另外，近几年考察发现，在蔚县大南山的众多山谷中发现了许多辽代佛寺的遗址，说明这一时期佛教在蔚县发展到了一个高峰，也可能成为这一片的佛教文化中心。

金代时佛教在各地仍较普及，蔚县宋家庄镇西大云疃村东于金大定十年(1170)建造大云寺；柏树乡永宁寨村南永宁山上于金大定十一年(1171)建天花板寺，附近还有菩萨摩崖造像；宋家庄镇大探口村的石佛寺，有金泰和三年(1203)、大安元年(1209)的两经幢和"元清辨禅师塔铭"。此外蔚县还有较多的金代经幢与石刻遗留。

元代时佛教在蔚县得到了继续发展，有重建于至元十七年(1280)的下宫村乡浮图村玉泉寺，还有县城南关的释迦寺、黄梅乡黄梅村的黄梅寺等。

明清时期，汉地佛教以禅宗最为兴盛，净土为各宗共同信仰，这一时期，在蔚县之地流传的佛教是禅宗的临济宗和曹洞宗，还有净土宗。明末清初，临济宗先字辈僧人在五岔峪四正山老山寺弘扬佛法,直到民国不衰。另外,还有政通禅师、自然法师及其高徒成显三位高僧对临济宗的大力弘扬、传播,蔚县境内金河寺、法云寺、释迦寺、灵岩寺、老山寺等几大丛林宝刹,皆为临济宗派。

但佛教在蔚县民间的流传中,逐渐融入了道教的元素,融入了民间信仰,除以三教合一为主所建的三教寺以外,蔚县遗留的明清以来的佛教寺庙中,以供奉佛祖与众佛、菩萨、罗汉为主的寺庙,多是佛、道共拜的寺庙,佛与道共存于一座寺庙中。

明清之前的佛寺多已成为遗址,幸存的也是单体的大殿或塔,早期佛寺的形制与供奉的神祇已无法考证。从目前遗留较多的寺庙来看,蔚县的寺庙已不是单纯的佛教寺院了,虽然还称为寺,但并不全是真正意义上的佛教信仰寺庙,大多数寺庙是各类信仰的汇集地,是村民集中祭拜各类神祇的场所,因此寺中常常集儒、佛、道于一院,这是蔚县寺庙最大的特点。甚至有些称为寺的场所,只是因为众多的庙宇集于一起形成庙群,将庙群称为寺,而与佛教寺院已没有太大的关联了。因此佛寺也常常是观音、十殿阎君、圆通、龙神、关帝、财神、三官、马神等神祇的祭拜场所。

蔚县境内的寺庙曾经分布较广,从平原沟壑之间,到深山峡谷之中,都有佛教寺庙的遗址,尤其是深山峡谷中,时常藏有高僧大寺。建于村堡的佛寺,在村中各类信仰中具有较高的地位,多数佛寺是周边数堡的座寺。这类佛寺已是周边村民的宗教活动场所,为了便于祭拜与维持香火,因此佛寺也多建于村堡之外位置相对重要的地带。建于深山之中的佛寺,其选址多是深山藏古寺,环境优美,多是高僧修行的场所,但多数也是周边众堡所供养,也是这一带众多村庄的座寺。

据田野调查、查阅相关资料或老乡口头流传等了解,蔚县遗留的佛寺共有58座,其中,遗留有壁画的19座,旧构或旧址重建后重绘壁画的有6座,旧构遗留或遗址尚存的有33座。

第二节　佛寺壁画中神祇的研究

据田野调查,蔚县佛寺中的壁画内容较为丰富,除各配殿按各自供奉神祇的需要形成自己的壁画体系外,大雄宝殿内的壁画内容形式较多,壁画主要由两侧山墙内壁组成,在水陆殿中,南壁也成为壁画的一部分(图31.3)。

大雄宝殿正壁壁画内容相对单一。在田野调查中,除涌泉庄乡阎家寨重泰寺三教殿正壁绘有释、儒、道三尊主神像外,还未见遗留的其他正壁绘画。佛寺大雄宝殿内正中多是在供台上供奉3尊塑像,后壁绘以背光或项光,释迦牟尼两侧立有阿难与迦叶两弟子。

但所有佛寺大雄宝殿的山墙皆绘壁画,遗留的壁画按表现形式主要有以下几类:源于《释迦如来应化录》《释氏源流》《佛祖统纪》等的佛传故事、水陆大法会中的水陆画、三教寺壁画及十二圆觉菩萨修行内容。

图 31.3　北水泉镇南柏山前寺后殿正壁

一、《释迦如来应化录》

佛教自东汉传入中国,有关佛陀生平事迹的传记资料、故事传说很多,传下的表现佛祖修行应化的图册较多,这些统称佛传。明初,为适应佛教日益世俗化的需要,大报恩寺沙门宝成搜集佛经中有关释迦牟尼生平的记述,整理故事二百余则,并每则配图一幅,于洪熙元年编撰成《释氏源流》一书。《释氏源流》是明代流传甚广的佛学著作,又是百余年来被人忘却的古籍。它记录了佛教东传的曲折过程,廓清了佛教的本质和教义,并从佛教本位出发,极力将儒教、道教纳入佛教的体系,强调佛教文化对中国传统文化的影响。全书分为两卷,第一卷分上、下两部分,共一百个情景,展示了释迦牟尼佛诞生、出家、修行、成道到初转法轮、开始说法的经历;第二卷也分为上、下两部分,也是共一百个情景,表现了释迦应化显圣为众人解难超度的情景,到释迦佛涅槃与涅槃后佛法的传承。

清嘉庆十三年(1808),高僧孙永珊据《释氏源流》一书为底本,重新绘写,称为《释迦如来应化录》,在清代以来流传甚广。全书内容框架与《释氏源流》基本一致,只是个别的情景略有增删,个别情景的名称不全一样。全书分为卷上与卷下两部分,展示了释迦牟尼佛诞生、出家、修行、成道、说法、涅槃,和未出生前的因缘及涅槃后佛法的传承。卷上之一共有五十四个情景,表现了太子悉达多从诞生、出家、修行到成道的经历;卷上之二与之三,共有五十一个情景,表现了释迦说法布道的故事;卷下之一与之二,共有七十五个情景,表现了释迦应化显圣为众人解难超度的情景;卷下之三,共有二十八个情景,表现了释迦佛涅槃与涅槃后佛法的传承。

从田野考察来看,已很难判定蔚县佛寺的大雄宝殿有关释迦如来应化的壁画内容的粉本,是源自《释氏源流》还是《释迦如来应化录》,但由于部分壁画情景有"买花供佛"这一情景(图 31.4、5),"买花供佛"只出现在《释迦如来应化录》中,《释氏源流》没有这个情景,故本书以《释迦如来应化录》的内容为主线对佛寺壁画进行解读。

图31.4 黄梅乡榆涧东大寺正殿东壁·买花供佛

图31.5 北水泉镇杨庄极乐寺释迦殿东壁·买花供佛

二、《佛祖统纪》

《佛祖统纪》是宋释志磐所撰佛教史书，五十四卷，其中的《释迦牟尼本纪》从明本迹、叙圣源起，至分舍利、集三藏止，引用经论教文，按年排次，从天台宗的角度阐述释迦一生的法化，共四卷。在蔚县以《佛祖统纪》为主线的佛寺壁画只有宋家庄镇郑家庄峰山寺两侧山墙绘画。

三、水陆画、三教寺壁画及《十二圆觉菩萨修行图》

关于水陆大法会中的水陆画、三教寺壁画及《十二圆觉菩萨修行图》的相关内容将在各自的章节结合壁画内容进行介绍。

第三节 佛寺壁画构图

一、《释迦如来应化录经变图》

以《释迦如来应化录经变图》为主，表现佛传故事的壁画在蔚县遗留数量较多，皆是连环画的形式，画幅的数量依殿的规模不完全一致。其每一幅的内容排序也是曲线式的前后呼应。现存以《释迦如来应化录经变图》为主的佛寺主要有：下宫村乡苏官堡中华严寺、西合营镇任家庄圆通寺、阳眷镇阳眷南堡清泰寺、黄梅乡榆涧石峰寺、北水泉镇杨庄极乐寺、北水泉镇南柏山崇庆寺、北水泉镇南柏山前寺、吉家庄镇西太平太清寺、涌泉乡西陈家涧太平寺、杨庄窠乡磁窑沟白衣寺等。

下宫村乡苏官堡中华严寺　位于堡北门外北侧。整座庙院坐北面南。寺院原占地面积 3 700 平方米，由天王殿、过殿、后殿、钟鼓楼、配殿、禅房、客堂组成。现存天王殿、地藏殿与大雄宝殿，分布在南北向中轴线上。中殿阎王殿内壁画题材为十殿阎罗；正殿大雄宝殿内壁画题材为《释迦如来应化录经变图》。两座殿内壁画保存完好，是很难得的珍品。

大雄宝殿即后殿，坐北面南，面阔三间，硬山顶，六架梁出前檐廊。前檐东、西廊墙下各嵌 1 通石碑。东廊墙上为 1916 年的《金庄佛像及设香灯碑》（注：此处"庄"应为"妆"），西廊墙上为同治五年（1866）的《华严寺创修厦首碑记》。

殿内正中供台上新塑三世佛像，佛像后墙背光为旧画；东、西两侧分别塑韦驮与吕驮，韦驮持降魔金刚杵立于大雄宝殿东侧，吕驮手持方天画戟立于大雄宝殿西侧（为伽蓝守护神之一）。

殿内东、西山墙壁画尚存，保存较好，色彩艳丽，为民国时期的作品。壁画题材为释迦应化内容,各有4排8列,两侧各32幅,共64幅佛传故事。故事从"家选净饭""乘象入胎",一直到"均分舍利",完整表现了悉达多从降生,到出家、成佛、布道、涅槃,最终各国弟子分舍子供养的过程(图31.6~9)。

大雄宝殿壁画东(从南至北画的顺序为:第四排第一—第八;第三排第九—第十六;第二排第十七—第二十四;第一排第二十五—第三十二。)

老人出家	佛法卢志	调伏醉象	姨母求度	渔人求度	布金买地	假孕谤佛	转妙法轮
华严大法	魔众拽饼	魔军拒战	牧女献糜	远□资□	劝请回宫	车匿辞还	落发贸衣
夜半逾城	初启出家	耶输兆梦	路睹死尸	道见病□	路逢老人	得遇沙门	掷象成坑
诸王角力	习学书数	姨母养育	仙人占象	九龙灌浴	树下诞生	乘象入胎	家选饭王

图31.6　下宫村乡苏官堡中华严寺大雄宝殿东壁·九龙灌浴

图 31.7 下宫村乡苏官堡中华严寺大雄宝殿东壁·初启出家

大雄宝殿壁画西（从北至南画的顺序为：第四排第二十三—第四十；第三排第四十一—第四十八；第二排第四十九—第五十六；第一排第五十七—第六十四。）

结集法藏	均分舍利	圣火自焚	佛从棺起	□□□□	双林入灭	临终遗教	□□□□
最后普训	悬记法住	纯佗后供	付□诸天	付□国王	嘱分舍利	佛指移石	嘱累地藏
为母说法	佛还觐父	法传迦叶	华法妙典	般若真空	楞言□定	圆觉总持	胜光问法
燃灯不□	小儿□□	采花献佛	鬼母寻子	度除粪人	□儿见佛	火中取子	白狗吠佛

图 31.8　下宫村乡苏官堡中华严寺大雄宝殿东壁·圆觉总持

　　此堂壁画内容源于《释迦如来应化录》，除少数榜题题字与书中略有差异外，其他榜题则基本一致。此壁画是研究《释迦如来应化录》的流传与民间化过程的较为完整的实证。

　　西合营镇任家庄圆通寺　位于任家庄村堡（大堡）内东北角，整体坐北面南，由两进院、三座大殿组成，院墙和山门无存，由南至北分别为地藏殿、观音殿与大雄宝殿，位于南北向中轴线上。院西有清同治年间的石碑1通，字迹漫漶。该寺为卜家庄玉泉寺善缘禅师与成慧重修。成慧入禅院任主持，属小五台山金河寺法脉。

　　大雄宝殿（后殿）坐北面南，单檐硬山顶，面阔三间。原殿内曾供华严三圣，中为释迦牟尼佛，东西两侧为骑青狮、白象的文殊、普贤二菩萨。殿内壁画破坏严重，表面涂刷白灰

图31.9　下宫村乡苏官堡中华严寺大雄宝殿东壁·佛从棺起

浆,且有部分坍塌,东壁底排下部墙皮脱落,西壁北侧挂满泥浆。壁画为佛传故事题材,连环画式,东西墙壁各有3排7列,共42幅。从颜色看,壁画应为清末民国时期的作品(图31.10、11)。

东壁

牧女献糜	□□□□	劝请回宫	车匿辞还	落发贸衣	夜半逾城	初启出家
习学书数	讲演武艺	掷象成坑	路逢老人	道见病卧	路睹死尸	(榜题毁)
姨母养育	仙人占相	从园还城 (下部毁)	□□□□ (大多毁)	树下□□ (下部毁)	□□□□ (画毁)	(画毁)

图 31.10　西合营镇任家庄圆通寺大雄宝殿东壁

西壁

双林入灭	佛从棺起	金棺自举	佛现双足	凡火不然	（画模糊）	（画毁）
□□□□	佛指移石	为母说法	（榜题毁）	佛还□□	（画模糊）	（画毁）
（画毁）	老乞遇佛	（画模糊）	（榜题毁）	（画模糊）	（画模糊）	（画毁）

图 31.11　西合营镇任家庄圆通寺大雄宝殿西壁

此堂壁画的内容源于《释迦如来应化录》，除少数榜题题字与书中略有差异外，其他榜题则基本一致，是研究《释迦如来应化录》的流传与民间化过程的保存较为完整的实证。

阳眷镇阳眷南堡清泰寺　位于南堡西南角外，整体坐北面南，占地面积 1 620 平方米，主要建筑为一进四合院布局，院内现存前殿、正殿及东、西配殿，四殿皆保存较好。寺内还存有数块残碑。据 1925 年的《清泰寺捐资兴学记》碑载,清泰寺创建于光绪二十二年(1896)。

正殿即大雄宝殿,坐北面南,面阔三间,硬山顶,六架梁出前檐廊,殿内新塑塑像,正面为三世佛,两侧为十八罗汉,殿内两侧山墙内壁保存有清末民国时期的壁画(图 31.12、13),连环画式,现存上部 2 排 10 列,此为在旧画的基础上重新上彩描绘。

东壁

船师悔责	仙人求□	转妙法轮	二高奉亲	四王献钵	林间晏座	龙宫入定	观菩提树	魔众拽饼	魔子忏悔
地神作证	魔军拒战	龙王赞叹	魔王惊梦	天人献草	天人献衣	禅堂沐浴	牧女献糜	六年苦行	调伏二仙

西壁

古王起塔	结集法藏	均分舍利	圣火自焚	凡火不然	佛从棺起	双林入灭	升天报母	佛献金刚	度须跋陀
文殊问疾	金鼓忏悔	楞伽说经	圆觉总持	饭王得病	佛还觐父	请佛入灭	□□□□	嘱分舍利	纯陀后供

此堂壁画的内容也源于《释迦如来应化录》,但损毁较为严重。

黄梅乡榆涧石峰寺 俗称"东大寺",位于村庄外东侧台地上,龙神庙北侧。现存门楼一座,正殿一座,东西配殿各一座(三间),耳房一座(三间)。1982 年 9 月,当地文物工作者在寺内发现一件北魏太平真君五年(444)的朱业微石造像,现藏于蔚州博物馆。

正殿坐北面南,面阔三间。因曾改作学校使用,殿内墙壁皆抹白灰浆。仅黑板处未涂刷,黑板摘下后露出壁画,两侧各残存 4 幅整画与 4 幅半画,为清末民初时期作品(图 31.14、15)。

东壁

(榜题被遮挡)	仙人占相	大赦修福	姨母养育
(榜题被遮挡)	上托兜率	布□□□	买花供佛

西壁

车匿辞还	落发贸衣	夜半逾城	(榜题被遮挡)
五欲娱乐	空声警策	饭王获梦	(榜题被遮挡)

注:"饭王获梦"在《释迦如来应化录》中为"饭王应梦"。

此堂壁画的内容也是源于《释迦如来应化录》,但每壁只剩上部 2 排,其他已损毁。

北水泉镇杨庄极乐寺 位于旧村西北角田野中,整座寺院坐北面南,总占地面积约3 000 平方米,规模宏大,主体建筑保存较好。寺院分为中路、东路。中路为两进院,三层大殿,依次为山门殿、过殿与释迦殿,皆为面阔三间,硬山顶结构;2 座配殿,即东配殿为圆通殿,西配殿为幽冥殿。东路前为大殿,后为僧舍。

图 31.12 阳眷镇阳眷南堡清泰寺大雄宝殿东壁局部

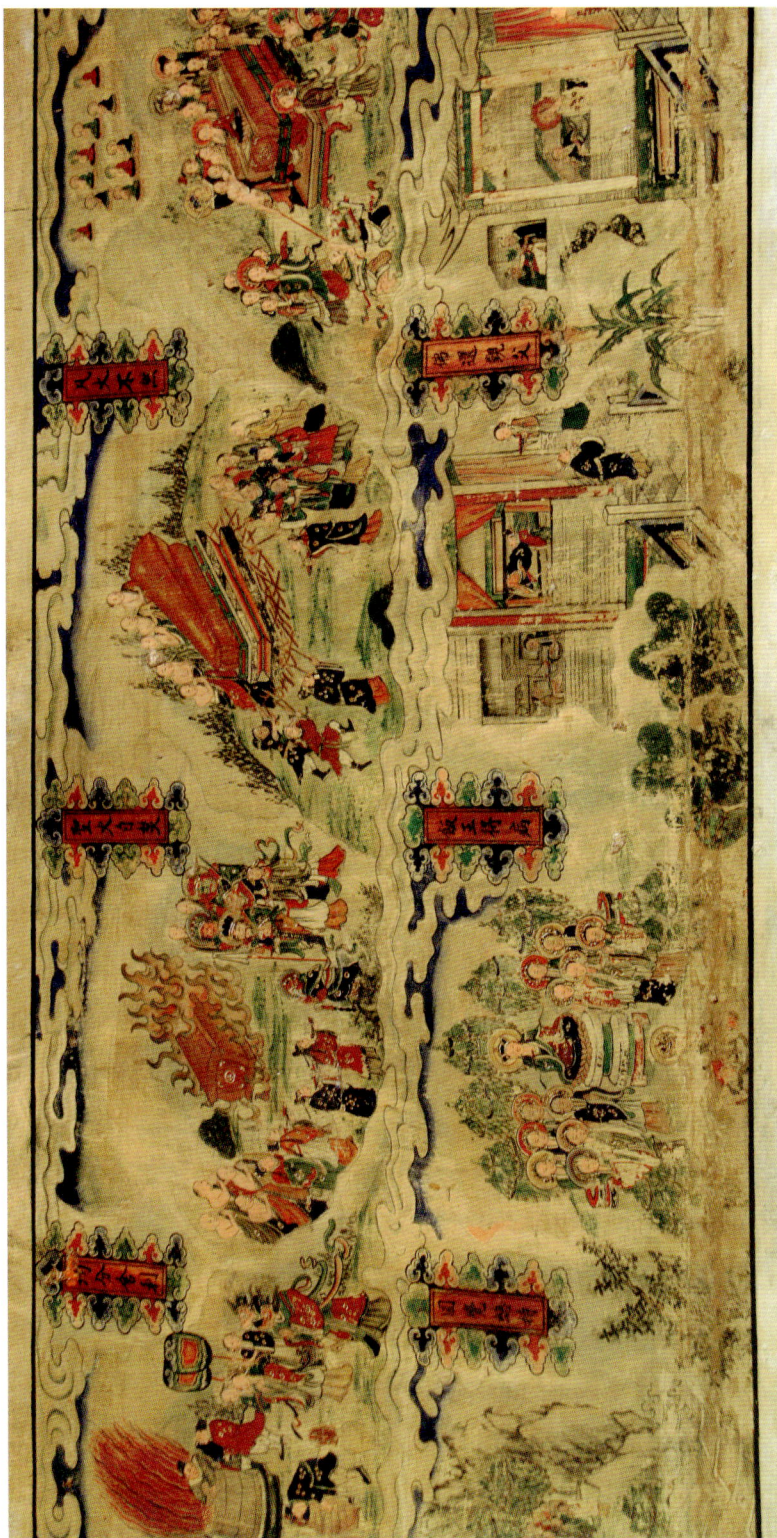

图 31.13 阳春镇阳春南堡清泰寺大雄宝殿西壁西壁局部

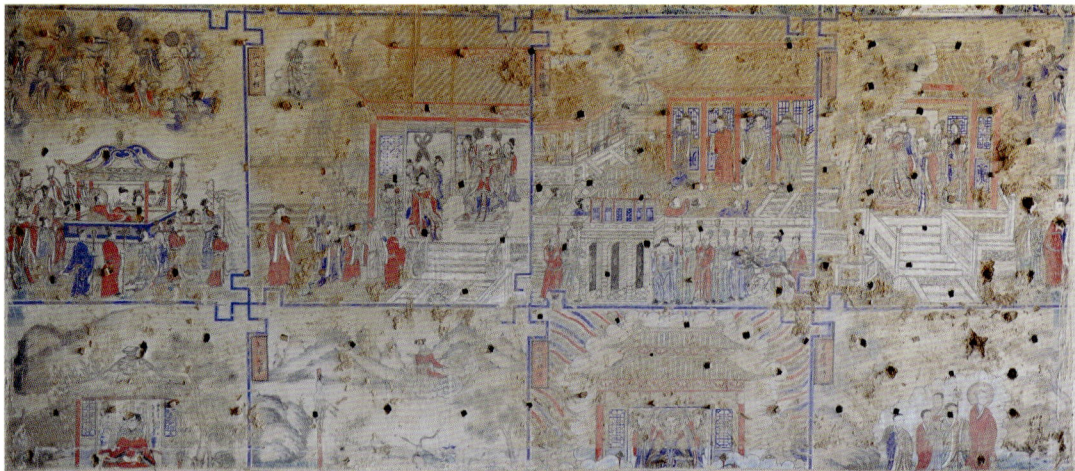

图 31.14　黄梅乡榆涧石峰寺正殿东壁局部

图 31.15　黄梅乡榆涧石峰寺正殿西壁局部

　　正殿即释迦殿,面阔三间,硬山顶,进深六架梁出前檐廊。山墙有连环画式壁画,4 排 8 列,大部分表面涂刷白灰浆,破坏严重,从颜色上看应为民国时期的作品。壁画露出部分榜题,内容源于《释迦如来应化录》(图 31.16～19)。正壁两侧顶部原有悬塑,已全部脱落。

　　北壁

（被覆盖）	（被覆盖）	（被覆盖）	（被覆盖）	（被覆盖）	（被覆盖）	（被覆盖）	（被覆盖）	（被覆盖）	（被覆盖）	（被覆盖）
□□ □□	游过 东门	君臣 议论	梵王 应梦	三人 见父	太子 游河	文武 好善	箭射 铁鼓	单手 托象	游观 农务	园林 嬉戏
侍臣 入宫	白象 投胎	五龙 吐水	太子 见父	贤□ 为衣	经书 点慧	太子 游园	太子 游莲	太子 游菊	太子 游梅	

南壁

(被覆盖)	(被覆盖)	(被覆盖)	(被覆盖)	(被覆盖)	(被覆盖)	(被覆盖)	(被覆盖)	(被覆盖)	(被覆盖)	(被覆盖)
远饷资粮	禅河沐浴	帝释献衣	诵菩提场	天人献草	普度众生	佛度长老	魔军害佛	佛度男女	(被覆盖)	无
六年苦行	调伏二仙	劝请回宫	诘问林仙	衣帽见母	衣帽回朝	急奔雪山	车臣辞还	□□ □□	太子辞朝	

北水泉镇南柏山崇庆寺　又称后寺,位于城堡东南方约1公里的冲沟中北侧台地上,处于南柏山与北柏山之间。该寺占地面积4 500平方米左右,规模宏大。

寺内建筑布局由东、西两路与东侧的塔院组成,二路之间的南墙正中建山门一座,与两路不在一条中轴线上。西路有3座建筑,即前过殿(天王殿)、中殿(大雄宝殿)、后殿(地藏殿)。天王殿西侧有关帝庙;中院有东、西配殿,东配殿供奉二郎神,西配殿供奉达摩祖师,东配殿内原有石碑2通。东路南侧有戏楼一座,戏楼正对泰山圣母庙,廊下东、西各有1通石碑,院内东、西配殿各三间。泰山庙正北为后院,为住持僧侣禅房,正房三间。

如今寺中建筑仅存山门、西路大雄宝殿与东路的禅房。

大雄宝殿位于寺院的西路,坐北面南,面阔三间。殿内脊顶上残存有一张贴纸,上书有"时大清康熙七年重修功德主张问达妻王张马氏子张庆祥刘罗氏孙男张云(共8人)重孙闯关子施财广种福德无量"。由此可见,此寺在康熙七年(1668)曾重修过。殿内还有一块断为两截的石碑,是为雍正十二年(1734)的《重修崇庆寺记》。

殿内墙壁原绘有壁画,从颜色上考察,应为清末民国时期的作品。因后脊顶坍塌,正壁壁画已被泥浆所毁,且表面曾涂刷有白灰浆。东、西两山墙壁画为连环画式,南部为4排8列,北部为3排5列,壁画已被盗。从残存内容上看,壁画源于《释迦如来应化录》。

东壁南部残存第1排与第4排的两小块。第1排残有几幅带榜题的残字,从北至南为:诸□□□,成□□□,菩萨降□,魔子忏□,地神作证,魔□□□,魔军拒□;第4排第4列:习学书数;第4排第8列:□象成坑(图31.20～23)。

西壁南部第4排残有几幅画,从南至北为:降伏火龙,船师悔责,耶舍得度,□□劝请,□□奉食;第1排第3列:□佛化卢。

西壁北部第1排,从南至北:月光□□,佛化无恼,渔人求度,玉耶受训。

图 31.16　北水泉镇杨庄极乐寺释迦殿东壁·诘问林仙

图 31.17　北水泉镇杨庄极乐寺释迦殿东壁·布发掩泥

图 31.18　北水泉镇杨庄极乐寺释迦殿西壁·小儿施土局部

图 31.19　北水泉镇杨庄极乐寺释迦殿西壁·度跋陀女局部

图 31.20　北水泉镇南柏山崇庆寺大雄宝殿东壁·九龙沐浴

图 31.21　北水泉镇南柏山崇庆寺大雄宝殿东壁·□象成坑

图 31.22　北水泉镇南柏山崇庆寺大雄宝殿西壁·船师悔责

图 31.23　北水泉镇南柏山崇庆寺大雄宝殿西壁·耶舍得度

北水泉镇南柏山前寺　该寺为清代中期仿造北柏山崇庆寺而建。位于堡正南,中心街西侧。寺院坐北面南,现存山门、前殿与后殿,以及后殿两侧侧门。

后殿面阔三间,硬山顶。殿内正壁绘有 3 位主神像背光,正中背光两侧各有一位胁侍立于莲花座之上。背光前旧时应有塑像,由此推测为三世佛。

两侧山墙绘有连环画形式的壁画,各有 4 排 8 列,每幅皆有榜题。从颜色上看壁画应该是清末民国时期的作品。从榜题内容来看,壁画源于《释迦如来应化录》(图 31.24、25)。

东壁

夜半逾城	落发贸衣	车匿辞还	车匿还□	□□□□	劝请回宫	调伏二仙	渔人求度
初启出家	耶输兆梦	讲演武□	得遇沙门	路睹死尸	道见病卧	路逢老人	饭王获梦
园林嬉戏	习学书数	太子灌顶	游观农务	(被遮挡)	(被遮挡)	(被遮挡)	(被遮挡)
往谒天祠	姨母养育	仙人占相	从园还城	(被遮挡)	(被遮挡)	(被遮挡)	(被遮挡)

注:东 2-2:耶输兆梦,在《释迦如来应化录》中为"耶输应梦";东 1-3:落发贸衣,在《释迦如来应化录》中为"金刀落发";
　　东 3-5:已被柴禾遮,从露出的几个笔画来判,可能为"诸王角力";东 2-8:饭王获梦,在《释迦如来应化录》中为"饭王应梦"。

图 31.24　北水泉镇南柏山前寺后殿东壁·太子灌顶局部

西壁

杨枝净水	□□□□	□□□佛	□□□□	（被遮挡）	（被遮挡）	□□□□	燃灯不灭
说咒消灾	施食缘起	目连救母	金刚请食	鬼母寻子	佛救婴儿	祀天遇佛	救度贼人
说苦佛来	老乞遇佛	度网渔人	佛度屠儿	度捕猎人	无量寿会	化佛丑儿	度□□□
谈乐佛至	贷钱办食	嘱儿饭佛	劝亲请佛	付嘱天龙	盲□见佛	老婢得□	因妇得度

注：西2-1：说咒消灾，在《释迦如来应化录》中为"说咒消灾"；西2-2：被涂料遮，推断为《释迦如来应化录》中的"采花献
佛"；西3-6：无量寿会，在《释迦如来应化录》中无；西3-7：化佛丑儿，在《释迦如来应化录》中为"佛化丑儿"。

图31.25　北水泉镇南柏山前寺后殿西壁·盲□见佛局部

吉家庄镇西太平太清寺　位于村西侧田野中。历史上该寺三易其址，最早在村南龙
泉边，后北迁，最后迁至村西。该寺为金河寺第十五代僧人普润于明成化十八年创建。现
为一座庙院，坐北面南，四合院布局。寺院门楼、四周围墙、东配殿与西配殿等附属设施皆
为新建，前殿与正殿是在原梁架结构基础上修缮而成。

正殿即佛殿，坐北面南，单檐悬山顶，面阔三间。殿内下平槫上贴创建与各次修缮时
的记录，共历经多次修缮。寺院于"大明成化十八年七月十一日创建""万历三十三年六
月初八贰次""大清康熙四年八月十五日三次""大清雍正八年七月二十七日四次""大清道
光二十七年七月二十五日五次重修"。殿内正面新塑塑像，正中为释迦佛祖，两侧为文殊
与普贤。两侧山墙涂有厚厚的白灰浆，白灰浆脱落处露出壁画，东壁壁画露出较少，西壁

壁画漫漶。从残存的色彩来看,壁画可能为道光二十七年(1847)修缮时所绘(图 31.26)。壁画为连环画式,3 排 8 列,每幅画皆有榜题,但多已无法释读。从残留的局部来看内容应是佛传故事。东壁榜题皆漫漶。西壁第 1 排第 7 列为"降伏火龙",第 2 排第 1 列为"文殊问法",第 3 排第 8 列为"龙宫说法"。

图 31.26　吉家庄镇西太平太清寺正殿西壁局部

涌泉乡西陈家涧太平寺　位于西陈家涧村堡西墙外侧旷野中,保存较好。寺院坐北面南,由前后两进院落组成(前院已毁)。主要建筑从南至北依次为天王殿,东、西配殿各五间,正殿一座,正殿两侧各有两间禅房。东配殿供文殊,西配殿供普贤。正殿前檐墙上镶嵌有 4 通石碑,分别为嘉庆十四年(1809)、光绪十六年(1890)、同治十二年(1873)、光绪三十一年(1905)修缮太平寺的碑记[1],保存较好。

正殿坐北面南,面阔三间。殿内正面为新塑的三世佛,正中供释迦牟尼,东供药师佛,西供阿弥陀佛,佛像后的正壁壁画为新绘。东、西山墙绘释迦如来应化题材壁画。壁画为清代中后期作品,保存较好(图 31.27、28)。壁画为连环画样式,每面共 3 排6 列。

---

[1]　邓庆平:《蔚县碑铭辑录》,广西师范大学出版社,2009 年,第 526—533 页。

东壁

梦中送像	树下诞生	梵王见喜	金盆沐浴	上托兜率	习学书数
园林嬉戏	诸王比刀	习文演武	梵王应梦	太子游玩正阳门	（被遮挡）
北门遇苦人	太子游玩出西门	太子游玩出南门	太子游玩出东门	丞相奏□	夜梦逾城

西壁

古佛正宗	金刚迎佛	五僧□佛	菩提正果	月光谏父	诸佛回国
急流分断	魔女炫婚	魔兵搦战	得遇沙门	度富楼那	降伏火龙
众魔拽瓶	六年苦行	□□□□	车匿辞还	劝诸回宫	金刀落发

此堂壁画虽以《释迦如来应化录》为主,但在太子游玩这几幅画的处理方面有所扩充,分别表现了太子在东门、南门、西门与北门所遇到的生、老、病、死;而且榜题内容也更加口语化。

杨庄窠乡磁窑沟白衣寺　位于村东坡地上。寺庙坐北面南,院内为前、后两座殿,分别为关帝庙、佛殿,前殿略低于后殿。

佛殿即后殿,坐北面南,面阔三间,硬山顶。殿内东、西两壁尚残存有民国时期的壁画,各为 3 排 6 列的连环画。东壁下部重新砌筑过,北部因脊顶漏水,已被泥水侵蚀,但仍有 2 排 10 幅画基本完好,另有下部与北部的 5 幅残画。西壁受泥水侵蚀更为严重,整个画面挂着一条条的泥浆,除了两侧外,壁画只能看出局部。每幅画皆画有榜题框,但未题字。东壁可见太子出生的九龙沐浴、太子入宫、学习、习武,遇见老、病、死等,西壁可见出家、修行,成佛后传教、度众生的故事(图 31.29～31)。

二、源于《佛祖统纪》的佛传故事

蔚县现存以《佛祖统纪》为主线的佛寺壁画仅见宋家庄镇郑家庄峰山寺两侧山墙壁画。

宋家庄镇郑家庄峰山寺　位于堡东南角外的台地上,寺院格局从南到北依次为天王殿(过殿式山门)、大雄宝殿,正殿两侧设有耳房,前设有东西配殿。天王殿后檐下立有 3 通石碑[1],西侧 1 通为顺治辛卯年(顺治八年,1651)的《重修峰山寺碑记》,东侧 1 通为道光己酉年(道光二十九年,1849)的《重修峰山寺碑记》,另 1 通为《重修碑记》,无年号。

---

〔1〕邓庆平:《蔚县碑铭辑录》,广西师范大学出版社,2009 年,第 456—462 页。

図 31.27　涌泉乡西陈家涧太平寺东壁

图 31.28 涌泉乡西陈家洞太平寺西壁

图 31.29　杨庄窠乡磁窑沟白衣寺佛殿东壁

图 31.30　杨庄窠乡磁窑沟白衣寺佛殿西壁

　　大雄宝殿，坐北面南，面阔三间，悬山顶，进深五架梁。殿内正面有一尊卧佛，卧佛两侧分立迦叶与阿难。两侧次间立韦驮与吕驮。卧佛后正面墙壁画为新绘。壁画两侧分别为文殊与普贤，还有罗汉、明王与众菩萨等。两侧山墙壁画保存完好，色彩鲜艳。根据道光二十九年（1849）的《重修峰山寺碑记》记载，此次重修时重绘了殿中壁画，推测现存壁画即为道光二十九年（1849）重修时留下的。壁画为连环画式，3排8列，从诞生沐浴，到成佛，再到圆寂（图31.32～35）。榜题采用周穆王的年号注明时间。此堂壁画内容源自《佛祖统纪》中的《释迦牟尼本纪》，榜题内容将佛的一生用连续而通俗的语言表达出来。

图 31.31　杨庄窠乡磁窑沟白衣寺佛殿东壁局部

东壁

周昭王四十二年三月初八日太子十九岁欲求出家当□□遇	太子游东门偶遇产生者	太子游南门又遇老人者	太子游西门复遇得病者	太子北门看见死人者	太子归宫目睹劳苦人	太子独坐宫中自思死终可厌	太子是夜子时有一天人名曰净居于腮腩中又手白太子言出家时至可去矣
王太子箭穿铁鼓	王太子力举石象	梵王太子读书诵经	九龙吐水深宫沐浴童佛	净饭天国王登殿二妃□□芝□王报喜	清净妙王妃深宫左膀生婴孩满京城香闻十里	即周昭王二十四年甲寅岁四四月初八日也三皇捧童驾鹿投胎净饭王国正宫	清净妙王妃梦吞日光
净饭远祖舍国修行受瞿□姓	大茅草王出家学道成王仙	诸弟子以笼盛悬树上滴血于地□二甘蔗	二甘蔗日炙出一男一女即善生□□	释伽□仁者甘蔗□□四子于雪山北德化人□大国	净饭国霞光万道地出珠玉水生金莲	兜率天降落瑞气垂有大圣佛降生	净饭天国王舍皇□□□□□施斋茶普度僧道

图 31.32　宋家庄镇郑家庄峰山寺东壁局部

图 31.33　宋家庄镇郑家庄峰山寺东壁局部

西壁

后至一千一十七年□□中□后汉明帝夜梦金人身长大项有日月光	明帝登殿命群臣原梦奏曰西方有佛至名曰佛世尊升承所梦得无是乎	明帝差官到天竺问其道得其经书及沙门同来	沙门见帝奏曰佛身长一丈六尺黄金色项中佩日月光变无所不通而大济□生	佛世尊遇给孤长者愿金银施舍斋众供养亦无地式讲经说法	佛世尊遇祇陀太子愿舍祇园要给孤长者金银步海祇园	给孤长者金银步祇园□诵经说法祇陀太子心喜施舍	佛世尊功果成就万德圆满诸佛菩萨沙门比丘来朝
佛世尊驾毫光至本国与母清净妙梦中说法	尔时金棺从坐而□高七多罗树往反空中□□□三昧须臾□生得舍利八斛四斗	诸弟子即以香薪竞荼毗之炉□金棺如故尔时大众即于佛前以偈赞语	佛至拘尸那城告诸大众吾今背痛欲涅槃即往□连问侧婆罗双树下右胁累□泊然宴寂	佛复授摩阿迦叶将金楼僧伽黎大衣传□□如□授补处	佛于鹿野苑中为憍陈如等五人而论道果说法	太子在雪山于十二月八日明星出时成佛号天人师时年三十矣	太子于山林中礼拜菩提
太子以闻点化满心喜悦即逾城而去	太子于檀特山中修道	太子于阿蓝迦蓝处三年遇摩	太子令知其非便舍去复至郁头蓝佛处学三年又知其非□舍去	太子又至象头山同诸外道日食梦径于六年	诸外道先历试邪法示诸方便发诸异见	太子修练乌鸦贯顶	山中苦修芦芽穿膝

三、水陆大法会的水陆画

水陆法会是佛教寺院为超度亡灵,普济水陆一切鬼神而举行的一项重要佛事,是"三教合一"大背景下产生与发展的民俗现象。每当佛、道信徒举行水陆法会超度水陆亡灵的时候,便会悬挂涵盖三界诸神的水陆画像在坛场上。水陆画平时不悬挂,只有举行水陆法会时才悬挂在佛教寺院里宣扬教义,法事活动结束后,寺院就会把它们仔细地收藏起来,以备下次开法会时再用。

水陆画起源于何时,目前尚无定说,但学界普遍认为应不早于唐代。晚唐、五代时期,为适应当时社会祈福、禳灾、度厄的心理需求,及民众信仰繁多的现实情况,水陆画像在佛教主尊的基础上增加了道教及民间各类图像,以朝拜主尊、罗列诸神为组合方式,借鉴各类朝会图,形成了自己的体系。

随着水陆法会的兴盛,水陆画中所绘的佛神画像越来越丰富,水陆道场中悬挂的轴数亦越来越多。到了元明之时,水陆道场悬挂的水陆画基本定型,其内容几乎包揽了民间崇信的所有神祇。但水陆画南、北多寡不一,没有定制,在内容上也难与仪轨一一对应。一般寺院修设的大型水陆法会一堂水陆画为一百二十幅,朝廷修设的水陆法会用到的水陆画多达二百余轴。另外,这一时期除了有成套的卷轴水陆画像外,佛寺道观中还出现了专门的水陆殿,绘有构图比较完整的水陆壁画。

图 31.34　宋家庄镇郑家庄峰山寺西壁局部

图 31.35　宋家庄镇郑家庄峰山寺西壁局部

蔚县遗留的水陆画,不仅从数量来看是国内最多的,而且水陆画粉本也较为丰富,在国内水陆画研究中具有重要地位。保存较好的水陆画有宋家庄镇大固城的故城寺、涌泉乡阁家寨的重泰寺、暖泉镇暖泉村华严寺,保存较差的有涌泉庄乡卜北堡玉泉寺。

宋家庄镇大固城故城寺　俗称心佛寺、东寺,位于大固城村堡东门外。20世纪60年代该寺的大部建筑被拆毁,如今只遗留过殿,即水陆殿。

水陆殿坐北面南,面阔三间,悬山顶,七架梁前后檐廊,前、后明间皆辟门。殿内顶部脊檩上悬挂有正德二年(1507)创建寺院的牌匾。

殿内尚存较为完整的水陆法会壁画。壁画分为上、下堂。上堂在北,即北壁两侧次间绘十大明王、菩萨、护法天神,损毁严重。

下堂为东、西、南三墙,绘制的是儒、释、道各路神仙。壁画采用平行式构图,各路神祇分组排列,每列4排,上下层次分明。除最下面的1排受损严重外,上面的3排皆保存较好(图31.36、37)。水陆画各幅内容如下:

东壁

		无色界四空天众	无色界四禅天众	天藏王菩萨圣众	梵王天主圣众	□□玉皇大帝圣众	天皇大帝圣众	持国增长天王	金刚密迹圣众		
中斗三台星君	南斗六元星君	羊双留宝瓶磨	十二宫辰圣众	七十二代天师众	九曜天刚月孛星君	角亢底房心尾箕众	斗牛女虚危室璧众	天地水府太阳圣众	天蓬天兽翊圣玄武真众	罗睺计都星君	三元水府扶桑大帝
天曹府君天曹掌众	天曹诸司主食判官	天曹诸司掌算判官	年月日时四直功曹众	大罗□罗刹女众	旷野大将军等众	般支迦大将军等众	矩畔拿神圣众	诃利帝母圣众	一大叶刹圣众	菩提树神圣众	东海龙王圣众
南海龙王圣众	西海龙王圣众	北海龙王圣众	中海龙王圣众	波池井众龙圣众	主风主雨主雷主电	主苗主稼主病主药	守斋护戒龙神众	顺清龙王圣众	安济夫人圣众	往古帝王一切王孙众	往古后妃宫娥采女众

前壁东侧

山林石怪等众	往古文武□□众	军阵杀伤等众	房倒虎咬水淹等众
往古比丘等众	往古比丘尼等众	九流百家等众	坠崖落马蛇伤远乡等众
往古优婆塞众	往古优婆□众	往古儒流等众	往古女冠道士众

图 31.36　宋家庄镇大固城故城寺过殿东壁局部

前壁西侧

自作横死等众	横死鬼□等众	疾病饿鬼等众	巧嘴巨舌臭口大腹众
车辇身亡等众	自刺身亡等众	冤枉苦死等众	冤孽刀伤杀害等众
往古孝子顺孙众	往古贤夫烈女众	□□□□□□	往古药伤等众

西壁

		金刚密迹神众	广目多闻天王	北极大帝圣众	勾辰紫微圣众	太乙诸神五方五帝	西方昆仑金母众	欲界上四天众	色界五净天		
先天后土圣母众	太乙东华老人星君	夜摩天主圣众	诸天太阴圣众	井鬼柳星张翼轸众	奎娄胃昴觜参众	五山五岳天齐大帝	三天三代除邪天师众	人马天蝎双女狮子巨蟹宫神	北斗七星星君	西斗四圣星君	□□□□
冥府六案等众	天地三曹等众	阎罗五王圣众	秦广五王圣众	北阴酆都大帝众	地藏王菩萨圣众	阴奏归忌九坎力士众	宅龙昼官伏兵博士五鬼	大将太煞日游太阴众	江河四渎圣众	金木水火土五德星君	□□□□
五瘟使者等众	面然鬼王□□	狱司残苦等众	药师恶业等众	诸司判官等众	冥府□□等众	冥府八寒等众	冥府狱主众	冥府十八狱主众	冥府禄司判官	冥府管九司官	□□□□

故城寺水陆画组画表现了天上与地下的各种神灵,人物形象生动,保存完整,颜色艳丽,幅幅均有榜题。北壁东次间正壁上,壁画呈分层现象,地仗上原有早期的线描图,仅勾勒墨线未着色,在其线描基础上贴纸后进行彩绘,故壁画重绘后总能保持早期的风格。因此从颜色上判断,壁画是清代中期重绘的,但这组壁画的粉本可能是正德时期。

涌泉庄乡阎家寨重泰寺水陆殿　水陆殿位于重泰寺中路,坐北面南,面阔三间,硬山顶。殿内中间塑毗卢遮那佛,左塑卢舍那佛,右为释迦牟尼佛。殿内壁表面虽曾涂刷白灰浆,但清洗后原壁画仍较清晰。

殿内北壁两侧次间绘有十大明王,这是蔚县保存较完整的十大明王壁画(图31.38～40)。

图 31.37　宋家庄镇大固城故城寺过殿西壁局部

图 31.38　涌泉庄乡阎家寨重泰寺水陆殿北壁西次间·十大明王

图 31.39　涌泉庄乡阎家寨重泰寺水陆殿北壁东次间·十大明王

图 31.40　涌泉庄乡阎家寨重泰寺水陆殿东壁·太一诸神五方五帝宝幡

殿内东、西、南壁画有完整的水陆画一堂,计画面122组,包括了592位神祇。

组	位次	榜 题	组成	人数
第2组—天仙神祇—导引	Ze~1~01	南无文殊王菩萨宝幡	一主一从	2
第2组—天仙神祇	Ze~1~02	中央一炁土星君宝幡	七身	7
第2组—天仙神祇	Ze~1~03	北方五炁水星君宝幡	二主五从	7
第2组—天仙神祇	Ze~1~04	南方三炁火星君宝幡	一主二从	3
第2组—天仙神祇	Ze~1~05	西方七炁金星君宝幡	漏拍	
第2组—天仙神祇	Ze~1~06	东方九炁木星君宝幡	七身	7
第2组—天仙神祇	Ze~1~07	北方天闻天王宝幡	一主二从	3
第2组—天仙神祇	Ze~1~08	南方增长天王宝幡	一主二从	3
第2组—天仙神祇	Ze~1~09	西方广目天王宝幡	一主三从	4
第2组—天仙神祇	Ze~1~10	东方持国天王宝幡	一主三从	4
第2组—天仙神祇	Ze~1~11	北极紫微大帝宝幡	一主三从	4
第2组—天仙神祇	Ze~1~12	太一诸神五方五帝宝幡	五主三从	4
第2组—天仙神祇	Ze~1~13	日宫炎光太阳天子宝幡	一主二从	2
第2组—天仙神祇	Ze~1~14	月宫素曜太阴天子宝幡	一主二从	2
第2组—天仙神祇	Ze~1~15	天蓬忉利王印宝幡	四身	4
第2组—天仙神祇	Ze~1~16	大罗刹女众宝幡	七身	7
第2组—天仙神祇	Ze~2~01	文臣四妇真君宝幡	六身	6
第2组—天仙神祇	Ze~2~02	人马天蝎天秤双女狮子巨蟹神宫宝幡	七身	7
第2组—天仙神祇	Ze~2~03	阴阳金牛白羊双鱼宝瓶磨羯神宫宝幡	六身	6
第2组—天仙神祇	Ze~2~04	寅卯辰巳午未元辰星相宝幡	六身	6
第2组—天仙神祇	Ze~2~05	申酉戌亥子丑元辰星相宝幡	六身	6
第2组—天仙神祇	Ze~2~06	井鬼柳星张翼轸星君宝幡	七身	7
第2组—天仙神祇	Ze~2~07	斗牛女虚危室壁星君宝幡	七身	7
第2组—天仙神祇	Ze~2~08	奎娄胃昴毕觜参星君宝幡	七身	7
第2组—天仙神祇	Ze~2~09	角亢氐房心尾箕星君宝幡	七身	7
第2组—天仙神祇	Ze~2~10	玄门七真人宝幡	七身	7
第2组—天仙神祇	Ze~2~11	上天六甲真君宝幡	六身	6
第2组—天仙神祇	Ze~2~12	四面八方真君宝幡	八身	8
第2组—天仙神祇	Ze~2~13	天蓬天猷翊圣玄武真君宝幡	六身	6
第2组—天仙神祇	Ze~2~14	榜题缺失	六身	6

组	位次	榜　　题	组成	人数
第2组—天仙神祇	Ze～2～15	天曹□拿禄筭判官宝幡	三身	3
第2组—天仙神祇	Ze～2～16	天曹诸司判官宝幡	六身	6
第2组—天仙神祇	Zse～1～01	天蓬帝释天主王宝幡	一主二从	3
第2组—天仙神祇	Zse～1～02	欲界上四天并诸天众宝幡	五身	5
第2组—天仙神祇	Zse～1～03	欲界上莲花四天主众宝幡	四身	4
第2组—天仙神祇	Zse～1～04	无色界四禅天众宝幡	四身	4
第2组—天仙神祇	Zse～1～05	天蓬大梵天王宝幡	三身	3
第2组—天仙神祇	Zse～1～06	运年命五福天真宝幡	五身	5
第2组—天仙神祇	Ze～3～01	年月日时功曹使者宝幡	四身	4
第5组—往古人伦～导引	Ze～3～02	南无□藏王菩萨宝幡	一主一从	2
第5组—往古人伦	Ze～3～03	往古大药叉众宝幡	八身	8
第5组—往古人伦	Ze～3～04	往古诃利地母众宝幡	五身	5
第5组—往古人伦	Ze～3～05	榜题缺失	六身	6
第5组—往古人伦	Ze～3～06	往古般支迦大将众宝幡	五身	5
第5组—往古人伦	Ze～3～07	敕封洪恩真君宝幡	三主一人	4
第5组—往古人伦	Ze～3～08	普天烈妇女子众宝幡	五身一童	6
第5组—往古人伦	Ze～3～09	往古旷野大将众宝幡	六身	6
第5组—往古人伦	Ze～3～10	往古帝王一切王子众宝幡	六身	6
第5组—往古人伦	Ze～3～11	往古妃后宫嫔婇女众宝幡	七身	7
第5组—往古人伦	Ze～3～12	往古文武官僚众宝幡	五身	5
第5组—往古人伦	Ze～3～13	往古□□□□□□众宝幡	六身	6
第5组—往古人伦	Ze～3～14	往古比丘众宝幡	六身	6
第5组—往古人伦	Ze～3～15	往古大罗刹众宝幡	六身	6
第5组—往古人伦	Ze～3～16	往古阿修罗众宝幡	七身	7
第5组—往古人伦	Zse～2～01	往古优婆塞众宝幡	五身	5
第5组—往古人伦	Zse～2～02	锺离纯阳真君众宝幡	六身	6
第5组—往古人伦	Zse～2～03	往古女冠众宝幡	六身	6
第5组—往古人伦	Zse～2～04	往古儒流贤士众宝幡	五身	5
第5组—往古人伦	Zse～2～05	往古孝子顺孙众宝幡	十身	10
第5组—往古人伦	Zse～2～06	往古孝妇烈女众宝幡	五身	5

组	位次	榜　题	组成	人数
第3组—下界神祇～导引	Zw～1～01	普贤菩萨宝幡	一身	1
第3组—下界神祇	Zw～1～02	后土圣母宝幡	一主三从	4
第3组—下界神祇	Zw～1～03	东岳天齐仁圣帝宝幡	一主二从	3
第3组—下界神祇	Zw～1～04	南岳司天昭圣帝宝幡	一主三从	4
第3组—下界神祇	Zw～1～05	西岳金天顺圣帝宝幡	一主二从	3
第3组—下界神祇	Zw～1～06	北岳安天元圣帝宝幡	一主二从	3
第3组—下界神祇	Zw～1～07	中岳中天崇圣帝宝幡	一主三从	4
第3组—下界神祇	Zw～1～08	东海龙王宝幡	一主二从	3
第3组—下界神祇	Zw～1～09	南海龙王宝幡	一主二从	3
第3组—下界神祇	Zw～1～10	西海龙王宝幡	一主五从	6
第3组—下界神祇	Zw～1～11	北海龙王宝幡	一主四从	5
第3组—下界神祇	Zw～1～12	江河淮济四渎诸龙神众宝幡	四身	4
第3组—下界神祇	Zw～1～13	五湖百川诸龙神众宝幡	六身	6
第3组—下界神祇	Zw～1～14	陂池井泉龙神宝幡	四身	4
第3组—下界神祇	Zw～1～15	主风主雨主雷主电诸龙神众宝幡	四身	4
第3组—下界神祇	Zw～1～16	地府三曹将使诸狱宝幡	三身	3
第3组—下界神祇	Zw～2～01	主苗主稼主病主药诸龙神众宝幡	六身	6
第3组—下界神祇	Zw～2～02	□□水□大帝□□宝幡	一主五从	6
第3组—下界神祇	Zw～2～03	往古顺济龙王宝幡	二身	2
第3组—下界神祇	Zw～2～04	往古□□夫人宝幡	一主一人	2
第3组—下界神祇	Zw～2～05	太岁□□□□□□□游神众宝幡	四身	4
第3组—下界神祇	Zw～2～06	大将军黄幡白虎蚕官五鬼众宝幡	八身	8
第3组—下界神祇	Zw～2～07	金神□廉豹尾上朔日畜众宝幡	六身	6
第3组—下界神祇	Zw～2～08	阴官奏书归忌九□伏兵力士诸众宝幡	六身	6
第3组—下界神祇	Zw～2～09	吊客丧门大耗小耗宅龙神众宝幡	四身	4
第3组—下界神祇	Zw～2～10	护国裕民城隍社庙土地神祇宝幡	八身	8
第4组—冥府神祇～引导	Zw～2～11	南无地藏王菩萨宝幡	一主二从	3
第4组—冥府神祇	Zw～2～12	一殿秦广大王宝幡	一主二从	3
第4组—冥府神祇	Zw～2～13	二殿初江大王宝幡	一主二从	3
第4组—冥府神祇	Zw～2～14	三殿宋帝大王宝幡	一主二从	3

组	位次	榜　　题	组成	人数
第4组—冥府神祇	Zw～2～15	四殿五官大王宝幡	一主二从	3
第4组—冥府神祇	Zw～2～16	五殿阎罗大王宝幡	一主二从	3
第4组—冥府神祇	Zsw～1～01	六殿□□大王宝幡	一主二从	3
第4组—冥府神祇	Zsw～1～02	七殿泰山大王宝幡	一主二从	3
第4组—冥府神祇	Zsw～1～03	八殿平等大王宝幡	一主二从	3
第4组—冥府神祇	Zsw～1～04	九殿都司大王宝幡	一主二从	3
第4组—冥府神祇	Zsw～1～05	十殿转轮大王宝幡	一主二从	3
第4组—冥府神祇	Zsw～1～06	地府六曹判官众宝幡	五身	5
第4组—冥府神祇	Zw～3～01	□□□□判官宝幡	三身	3
第4组—冥府神祇	Zw～3～02	地府都□判官宝幡	三身	3
第4组—冥府神祇	Zw～3～03	缺失榜题	五身	5
第4组—冥府神祇	Zw～3～04	善恶二部牛头阿傍诸官曹□众宝幡	四身	4
第4组—冥府神祇	Zw～3～05	八寒地狱宝幡	五身	5
第4组—冥府神祇	Zw～3～06	八热地狱宝幡	五身	5
第4组—冥府神祇	Zw～3～07	近□地狱宝幡	四身	4
第4组—冥府神祇	Zw～3～08	孤独地狱宝幡	四身	4
第6组—孤魂～导引	Zw～3～09	起教大士面然鬼王宝幡	四身	4
第6组—孤魂	Zw～3～10	主病鬼王五瘟使者宝幡	六身	6
第6组—孤魂	Zw～3～11	口吐火炎□烧身众宝幡	七身	7
第6组—孤魂	Zw～3～12	水陆空居依草附木□魂滞魄诸鬼众宝幡	九身	9
第6组—孤魂	Zw～3～13	枉滥无辜衔冤抱恨诸鬼众宝幡	六身	6
第6组—孤魂	Zw～3～14	投崖赴火自刑自缢鬼众宝幡	七身	7
第6组—孤魂	Zw～3～15	赴刑都市幽魂狴牢诸鬼众宝幡	六身	6
第6组—孤魂	Zw～3～16	饥荒殍饿病疾缠绵诸鬼众宝幡	七身	7
第6组—孤魂	Zsw～2～01	大腹臭毛针咽巨口饮啖不净饥火炽然众宝幡	九身	9
第6组—孤魂	Zsw～2～02	树折崖催诸鬼众宝幡	七身	7
第6组—孤魂	Zsw～2～03	严寒大暑兽咬虫伤诸鬼众宝幡	六身	6
第6组—孤魂	Zsw～2～04	堕胎产亡仇冤报恨诸鬼众宝幡	八身	8
第6组—孤魂	Zsw～2～05	□死钺□横遭毒药诸鬼众宝幡	八身	8
第6组—孤魂	Zsw～2～06	车碾马踏诸鬼众宝幡	五身	5
合计				592

注：Ze代表东壁；Zw代表西壁；Zse代表南壁东次间；Zsw代表南壁西次间。

图 31.42 涌泉庄乡阎家寨重泰寺三教楼正壁

图 31.43　代王城镇新家庄三教寺后殿东壁

图 31.44　代王城镇新家庄三教寺后殿西壁·夜半逾城

北水泉镇杨庄北堡三教寺　位于内外城南墙之间西侧，关帝庙西南侧，现为一座独立的庙院。整体坐西面东，尚存有院门、正殿与马神庙。

正殿坐西面东，面阔三间，硬山顶，进深六架梁出前檐廊。殿内原塑有 3 尊塑像，塑像背后的正壁还可见 3 尊塑像的背光，背光的两侧各立有侍从，由于该殿为三教殿，因此推测这 3 尊塑像分别应为释迦、老子与孔子。

南、北山墙壁画均为连环画式，各有 3 排 11 列，33 幅画，一共有 66 幅画，从颜色上推测为清末民国时期的壁画（图 31.45、46）每幅画皆有榜题，但大多数榜题内容已难以释读。从榜题内容来看，除个别榜题外，多数榜题并不是源于《释迦如来应化录》。

北壁

（被覆盖）	（被覆盖）	（被覆盖）	（被覆盖）	（被覆盖）	（被覆盖）	（被覆盖）	（被覆盖）	（被覆盖）	（被覆盖）	（被覆盖）
□□ □□	游过 东门	君臣 议论	梵王 应梦	三人 见父	太子 游河	文武 好善	箭射 铁鼓	单手 托象	游观 农务	园林 嬉戏
侍臣 入宫	白象 投胎	五龙 吐水	太子 见父	贤□ 为衣	经书 点慧	太子 游园	太子 游莲	太子 游菊	太子 游梅	

图 31.45　北水泉镇杨庄北堡三教寺北壁·园林嬉戏局部

南壁

(被覆盖)	(被覆盖)	(被覆盖)	(被覆盖)	(被覆盖)	(被覆盖)	(被覆盖)	(被覆盖)	(被覆盖)	(被覆盖)	(被覆盖)
远饷资粮	禅河沐浴	帝释献衣	诵菩提场	天人献草	普度众生	佛度长老	魔军害佛	佛度男女	(被覆盖)	无
六年苦行	调伏二仙	劝请回宫	诘问林仙	衣帽见母	衣帽回朝	急奔雪山	车臣辞还	□□ □□	太子辞朝	

注：2-2 禅河沐浴，《释迦如来应化录》为：禅河澡浴；2-4 诵菩提场，《释迦如来应化录》为：诣菩提场；2-5 普度众生，《释迦如来应化录》中无；2-7 佛度长老，《释迦如来应化录》中无；2-8 佛度男女，《释迦如来应化录》中无；2-8 魔军害佛，《释迦如来应化录》中无；3-5 衣帽见母，《释迦如来应化录》中无；3-6 衣帽回朝，《释迦如来应化录》中无；3-7 急奔雪山，《释迦如来应化录》中无；3-8 车臣辞还，《释迦如来应化录》为车匿辞还；3-10 太子辞朝，《释迦如来应化录》中无。

图 31.46　北水泉镇杨庄北堡三教寺南壁·帝释献衣局部

五、《十二圆觉菩萨修行图》

十二圆觉菩萨是密宗崇奉的著名菩萨群体，即十二位大士。《圆觉经》记载，十二位菩萨向佛祖请问修行法门，佛为说大乘圆觉清净境界修行法。十二圆觉菩萨分别是：文殊菩萨、普贤菩萨、普眼菩萨、金刚藏菩萨、弥勒菩萨、清静慧菩萨、威德自在菩萨、辩音菩萨、净诸业障菩萨、普觉菩萨、圆觉菩萨、贤善首菩萨。这十二位有望成佛的圆觉菩萨,其实是佛教教义的神化,是一种象征,是佛门为使教义形象化而设计的。

蔚县现存佛寺正殿两侧山墙壁画中表现十二圆觉的绘画数量极少,其中南留庄镇埚郭堡方圆寺、西合营镇羊圈堡隆善寺观音殿中的十二圆觉的壁画是保存较好的。

南留庄镇埚郭堡方圆寺　位于堡外西北方,坐北面南,旧时为前、后两进院,占地面积约800平方米。前院各建筑已完全塌毁。后院内建有正殿(佛殿)、东西配殿和东西耳房。院门东侧有1通同治十年(1871)的《重修方圆寺碑记》断碑。

正殿即佛殿,坐北面南,面阔单间,殿内正壁绘有巨大的背光,前面曾立有塑像。东、西两墙各绘有6尊结跏趺坐的菩萨像,皆为女性化身,推测为十二圆觉(图31.47)。但东墙受泥水侵蚀而墙皮脱落,壁画已毁过半。

图31.47　南留庄镇埚郭堡方圆寺正殿正壁东壁

西合营镇羊圈堡隆善寺观音殿　观音殿为隆善寺过殿,坐南面北,单檐硬山顶,面阔三间,五架梁。殿内供奉新塑的观音、文殊与普贤。东、西两壁与正壁尚存民国时期的壁画。正壁绘十八罗汉(图31.48、49),东、西两壁绘十二圆觉,每壁各有6幅(图31.50、51)。从发髻上看,东、西壁的圆觉绘制于不同时期,或是有不同的粉本,此外,两壁的圆觉的绘画技法和水平也有不同。

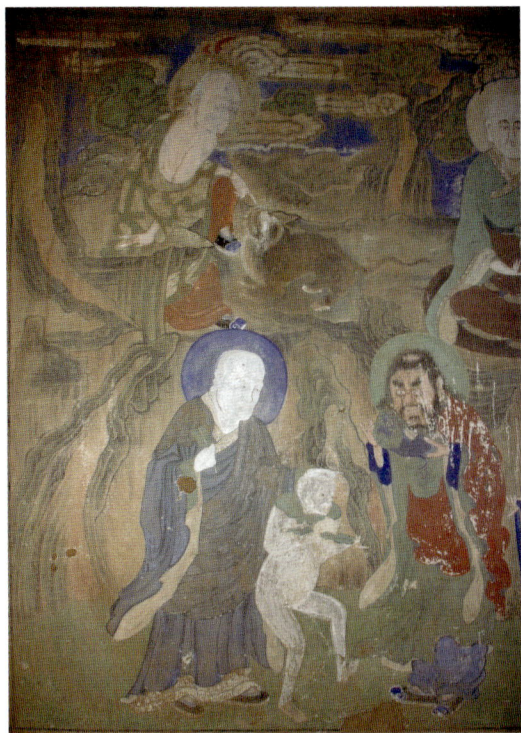

图 31.48　西合营镇羊圈堡隆善寺观音殿正壁　　　　图 31.49　西合营镇羊圈堡隆善寺观音殿正壁

图 31.50　西合营镇羊圈堡隆善寺观音殿西壁局部

图 31.51 西合营镇羊圈堡隆善寺观音殿东壁局部

西合营镇任家庄圆通寺观音殿 为圆通寺的中殿，坐南面北，单檐硬山顶，面阔三间，殿内曾供观音、文殊、普贤三大士。殿内壁画为清末民国时期的作品，西壁壁画色彩鲜艳，但东壁受雨水侵蚀已漫漶（图 31.52、53）。

图 31.52 西合营镇任家庄圆通寺观音殿东壁

图 31.53　西合营镇任家庄圆通寺观音殿西壁

两侧山墙上部各绘 6 尊坐于莲花座之上的圆觉,下部各绘 9 尊罗汉,共十二圆觉与十八罗汉,罗汉像的脸部全部被毁。

六、特殊题材的壁画

南留庄镇埚郭堡方圆寺东配殿　坐东面西,面阔三间,硬山顶,四架梁出前檐廊。殿内尚立 1 通清光绪年间的布施碑。殿中壁画局部受损,但保存下来的部分色彩鲜艳,为清末民国时期的作品。

南、北墙壁画为连环画式,南墙壁画已脱落,北墙残存 4 排 4 列,共 16 幅画(图 31.54)。壁画人物形象生动,色彩艳丽。连环画均有榜题,但仅有上 2 排可全部释读,第 3 排只有 3 幅,第 4 排只剩 1 幅可释读。

北壁

某夜来生一子	正公请建学其处	妇人某氏善蛇虫	文思泉涌而出
小宋当魁天下	生来所为无善可称	丹桂五枝芳	炳然以获盗报
重囚日米一升	忽闻怪声如有物击	马默沙门岛罪犯	(画毁)
张孝基为妇人婿	(画残半,榜题毁)	(画毁)	(画毁)

图 31.54　南留庄镇埚郭堡方圆寺东配殿北壁

从内容上看,壁画并非来自一本经书,而是有民间护生、教子、从善、积德等的多个内容。

第四节　佛寺壁画构图特点及与周边地区比较初探

一、佛寺已成为多神共祭场所,壁画种类丰富

现今蔚县境内,除了以三教合一为主的三教寺供奉儒、释、道外,所遗留的明清以来的佛教寺庙中,奉佛祖与众佛、菩萨、罗汉为主的寺庙,多是佛、道共拜的寺庙。佛与道共存于一座寺庙中,道教与佛教完全融合于一院。因此,在蔚县的佛寺内,表现各神祇内容的壁画种类丰富。为了便于分类描述,本节只介绍了寺庙中与佛教相关的壁画,其他壁画,如观音殿、圆通殿、地藏殿、龙神殿、马神殿等壁画放到相应的章节中分门别类进行介绍。

与佛教相关的壁画有《释迦如来应化录经变图》、源于《佛祖统纪》的佛传故事,以及从《释迦如来应化录》衍变出来的更加民间化的佛传故事,还有水陆大法会中的水陆画、三教寺壁画,以及《十二圆觉菩萨修行图》,各类型比较齐全,粉本也各不相同,体现了佛教绘画

在蔚县流传过程中既有其延续性,又有其时段性。

蔚县部分佛寺大雄宝殿壁画的内容,没有严格遵照《释迦如来应化录》,而是更加随意化,更加通俗化,也更加容易被乡民所理解、传诵,换句话说可能与当时乡民的文化程度与对佛教的认知程度有很大的关系。如涌泉乡西陈家涧太平寺山墙壁画榜题更加口语化,杨庄窠乡磁窑沟白衣寺壁画有榜题框但无题字。

二、水陆画体现了明清两代的水陆画的流传

水陆画的绘制,常常依据一定的粉本。而粉本也会随时间、地域、需求的改变呈现不同的特点,所以历代画师总会不断改进粉本,并在绘画过程中发扬自己的风格特色,使水陆画作品既有粉本的影子,也能表现出不同的风貌。

国内现存水陆画数量较少,从目前统计来看,共 13 座,如表 31.1,主要分布在山西、河北,其中仅蔚县便占了 3 处[1]。蔚县宋家庄镇大固城村故城寺与涌泉庄乡重泰寺是其中难得的保存较为完整的壁画,故城寺水陆画具有明代风格,涌泉庄乡卜北堡玉泉寺的水陆画风格为清中期,涌泉庄乡重泰寺水陆画风格为清晚期,这 3 处水陆画代表了明、清两代水陆画的流传,世俗化过程的演变,是难得的研究样本。

表 31.1　国内水陆画遗留情况统计表

寺　名	地　点	壁画所在殿名	构图方式	绘　制　年　代	神像数量
稷山青龙寺	山西稷山县	腰殿	拱卫式	元至正十六年—明洪武元年间	
灵石资寿寺	山西灵石县	水陆殿	平行式	明成化十八年	
繁峙公主寺	山西繁峙县	大佛殿	拱卫式	明弘治十六年	470
蔚县故城寺	河北蔚县	水陆殿	平行式	明正德二年粉本,清道光年间重绘	534
怀安昭化寺	河北怀安县	大雄宝殿		明嘉靖四十一年	560
毗卢寺	河北石家庄	毗卢殿		明正德、嘉靖年间,完于嘉靖十四年	508
广胜上寺	山西洪洞县	弥勒殿		万历十九年顺治十六年重绘	
圆智寺	山西太古县	水陆殿		万历三十年清代重修	
净信寺	山西太古县	毗卢殿		崇祯三年	
云林寺	山西阳高	大雄宝殿		明	
浑源永安寺	山西浑源县	水陆殿	平行式	清代	
蔚县玉泉寺	河北蔚县	大雄宝殿		清中期	
蔚县重泰寺	河北蔚县	水陆殿		清晚期	592

[1]　戴晓云:《〈北水陆法会图〉考——以北方地区明清"水陆画"为中心》,中央美术学院博士学位论文 2007 年。

第三十二章　地藏(阎王)殿壁画调查与研究

在中国民间信仰中,受《地藏菩萨本愿经》的影响,人们视地藏菩萨为地狱的最高主宰,称为"幽冥教主",其下管辖十殿阎王。而阎王在中国民间影响很大,人死后都要到阴间报到,接受阎王的审判。生前行善者,可升天堂,享富贵;生前作恶者,则受惩罚,下地狱。

地藏与十殿阎王信仰在蔚县广为流传,这表现在既有独立营建的地藏殿,也有设在其他寺(观)中作为配殿的十殿阎君殿。由于地藏殿两侧山墙壁画皆绘十殿阎君,故乡民多称地藏殿为阎王殿。

第一节　地藏殿基本情况

地藏、十殿阎君信仰虽在蔚县民间广为流传,但独立营建的地藏殿数量极少,多数遗留或新建有地藏殿者均为寺庙内的配殿或耳殿。依据田野调查,旧时蔚县建有地藏殿、十殿阎王殿的村庄数量较少,目前遗留的地藏殿或十殿阎君殿共 25 座,其中,遗留有壁画的9 座,旧构或旧址重建后重绘壁画的有 11 座,旧构遗留或遗址尚存的有 5 座。

在9 座遗留有壁画的地藏殿中,有 3 座是佛寺的前殿或配殿,如下宫村乡苏官堡中华严寺地藏殿、涌泉庄乡东陈家涧安乐寺地藏殿、西合营镇羊圈堡隆善寺地藏殿,殿内壁画保存较好。有 2 座是独立建院而称为地藏寺,如代王城镇大堡地藏寺与暖泉镇西古堡村地藏寺(显圣庵),这 2 座地藏寺都有壁画遗留。

蔚县地藏殿遗留有纪年者数量少,经过对田野调查发现的石碑、匾与题字进行整理,目前只有 5 处地藏殿遗留有纪年,但仅从这些纪年还很难判定壁画绘制的时间(表 32.1)。

表 32.1　蔚县地藏殿碑记、壁画题记一览表

位　　置	载体形式	年　　代
涌泉庄乡北方城地藏殿	《阁村众善妇女施金钱碑记》 《众善妇女施银碑》	光绪四年 民国四年

位　　　置	载体形式	年　　　代
代王城镇大堡地藏寺	《重修碑记》	明嘉靖三十二年始建 顺治四年重修 乾隆五十四年重修
涌泉庄乡东陈家涧安乐寺地藏殿	《阎王殿众山题名碑》	同治二年
西合营镇羊圈堡隆善寺地藏殿	《大清光绪十年至十一年创修东西配殿重修正殿过殿碑》	光绪十一年
暖泉镇西古堡地藏寺	《重修地藏王菩萨庙宇碑记》 《重修暖泉西古堡地藏寺记》	康熙十五年 乾隆三十一年

第二节　地藏殿壁画中神祇的研究

关于蔚县地藏殿内壁画的组成，正壁一般绘有《地藏菩萨坐堂说经图》，两侧山墙多绘十殿阎王。《地藏菩萨坐堂说经图》中，地藏菩萨居中端坐，两侧为闵公、道明与随从；十殿阎王绘于两侧，分管地府十殿。

一、地藏菩萨

地藏，梵文念作乞叉底蘖婆，又名大愿地藏，为佛教四大菩萨之一。地藏受释迦牟尼的托付，在释迦牟尼寂灭后至弥勒佛出现之前，行使"代理佛"职权，教化六道众生。因此地藏发大誓："众生度尽，方证菩提。地狱未空，誓不成佛！"于是，他舍弃了天界的光明，自愿进入地狱，专职教化工作。

在蔚县地藏殿的正壁壁画中，地藏菩萨是《坐堂说经图》的核心。地藏菩萨坐于宝座上，头顶项光，身披袈裟。据田野调查，蔚县地藏殿正壁中遗留有较完整的地藏菩萨只发现 3 处，其中，既有女性菩萨形象的，如涌泉庄乡北方城地藏殿（图 32.1）与南留庄镇涧崚堡地藏殿；也有男性菩萨形象的，如南杨庄乡西北江地藏殿（图 32.2）。

二、道明与闵公

关于道明与闵公，九华山有一段千载流传的"闵公施地"的故事。

闵公，唐时九华山人。据称闵公家产丰盈，为人乐善好施，每日为 99 位僧人提供斋饭，并虚设一席以凑百数。有一天，从东崖峰下来一位和尚，身披袈裟，在闵公家门前禅坐，但并不说话。闵公问道："师傅是来我家化缘吗？"和尚乃合掌施礼，然后用外地口音答曰："贫僧来此多年，修持度生，今来贵府一不化缘，二不化斋，只求一袈裟之地为修行之所，

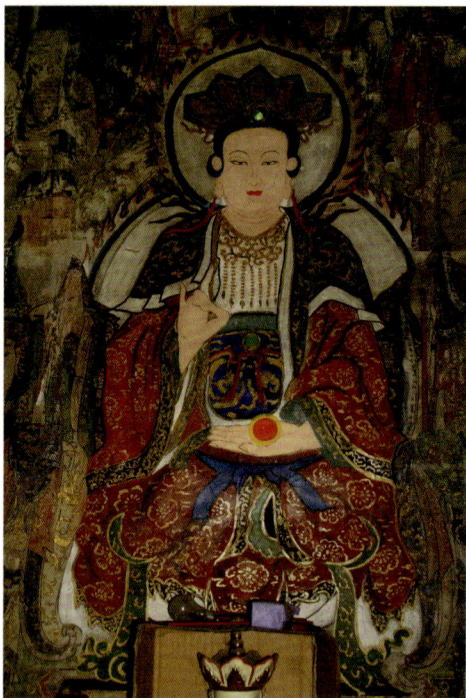

图 32.1　涌泉庄乡北方城地藏殿正壁·地藏菩萨　　图 32.2　南杨庄乡西北江地藏殿正壁·地藏菩萨

尚望施主成全。"闵公笑道:"这闵园百里皆我所有,何在乎你这区区袈裟之地!"于是应允。不料这和尚念了一声无量寿佛,然后脱下袈裟,随手一掷,顿时霞光万道,袈裟遍覆九十九峰。闵公知道遇到了神僧,于是伏地叩拜,连称"不知神僧驾到,愿为佛菩萨奉献九十九峰"。闵公随即传子叩拜,其子被神僧收留为徒,法名道明。后来闵公亦皈依佛门,成为金地藏第一个在家弟子。按照佛教"先进山门为长"的规矩,道明为闵公的师兄。

在蔚县地藏殿正壁中,地藏菩萨两旁各立一位弟子,左为道明,右为闵公。道明年幼,闵公年长。在遗留有地藏菩萨壁画的 3 处正壁中,杨庄乡西北江地藏殿因后墙墙皮脱落及雨水侵蚀,地藏菩萨两侧弟子只剩下右侧的道明。其他两处地藏殿正壁中道明与闵公皆保存较好(图 32.3、4)。

三、十殿阎君

民间信仰中将地狱分为十殿,每殿均有一王主持,有地府十王之说。十王各有名号,合称十殿阎君。其名分别为:一殿秦广王、二殿楚江王、三殿宋帝王、四殿五官王、五殿阎罗王、六殿卞城王、七殿泰山王、八殿都市王、九殿平等王、十殿转轮王。因分居地府十殿,故名。

图 32.3　南留庄镇涧涝堡地藏殿正壁·闵公　　图 32.4　南留庄镇涧涝堡地藏殿正壁·道明

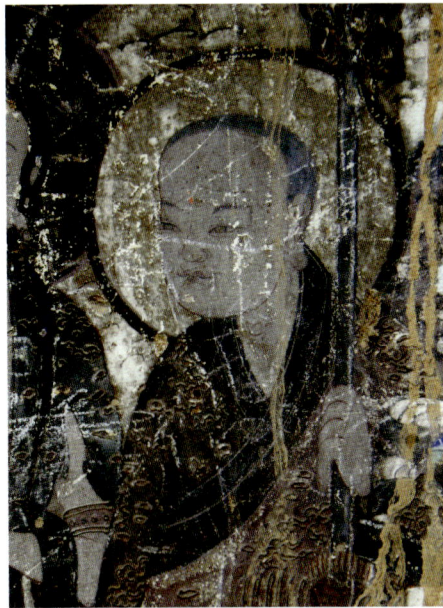

按法国国家图书馆藏《佛说阎罗王授记四众预修生七往生净土经》记载，人亡之后，从一七到七七日，要顺序过秦广王、楚江王、宋帝王、五官王、阎罗王、卞城王、泰山王，百日过平太丰富王（平等王），一年过都市王，三年过五道转轮王。遗风所及，时至今日，民间仍保留为新亡人做七祈福、设奠诵经的习俗。

在蔚县的地藏殿中，十殿阎王有两种表现形式。一种是十殿阎王各居其殿中，提审上一殿转交过来的亡者，以期秉公办事，解交下一殿；另一种是十殿阎王分列于地藏菩萨两侧，如涌泉庄乡北方城地藏殿、涌泉庄乡东陈家涧安乐寺地藏殿与草沟堡乡南骆驼庵四神庙地藏殿。

第三节　地藏殿壁画构图

一、正壁壁画

独立营建的地藏殿或配殿，正壁绘有《地藏菩萨坐堂说经图》。地藏菩萨居中端坐，两侧为闵公、道明与随从，或簇拥着十殿阎王。此题材的地藏殿有涌泉庄乡北方城地藏殿、南杨庄乡西北江地藏殿与南留庄镇涧涝堡地藏殿。

涌泉庄乡北方城地藏殿　位于堡南门外西侧。正殿坐北面南,面阔三间(坐二破三式),硬山顶,进深六架梁前檐廊。东廊墙下与殿内各有1通石碑,其中1通为光绪四年(1878)的《阖村众善妇女施金钱碑记》;另1通为1915年的《众善妇女施银碑》。殿内正壁、东壁与西壁尚存壁画,壁画整体保存较好,局部有现代补绘。从壁画的色彩判断,其应在清末民初时期绘制。

正壁绘有《地藏菩萨坐堂说法图》,画面分为两层。下层正中端坐的是女性形象的地藏菩萨,两侧后西为闵公、东为道明;两侧簇拥十殿阎王,每侧各为五殿。地藏菩萨头戴五佛冠头,周边有火焰项光,身披红色袈裟,左手持宝珠,右手结印。两侧十殿阎君皆戴帝王冠冕,簇拥在地藏菩萨周边(图32.5)。上层绘有老子、释迦与孔子三位祖师,三位祖师皆盘腿而坐,各有二位侍从分立于两侧。

图32.5　涌泉庄乡北方城地藏殿正壁

涌泉庄乡北方城地藏殿正壁壁画为保存较好的地藏殿壁画,但内容较为特殊、复杂,除地藏相关神祇外,还在上部绘有老子、释迦与孔子盘腿而坐,谈经论道的形象,代表着道、佛、儒的三教合一。

南杨庄乡西北江地藏殿　位于堡南门外东侧寺庙群内,三官庙西侧,属于三官庙西耳殿,坐北面南,面阔三间(坐二破三式)。殿内残存有壁画,保存较差。从风格和颜色上推测,壁画为清中晚期作品。

正壁明间正中为地藏菩萨,两侧后各立一位持扇随从,西侧立有闵公,为道士形象,东侧道明绘画已毁(图 32.6);西次间为二殿楚江王,上部尚存局部,下部已毁。东次间墙体坍塌,壁画已毁,推测东次间应为一殿秦广王。

图 32.6　南杨庄乡西北江地藏殿正壁

南留庄镇涧塄堡地藏殿　位于堡东门外南侧,正殿紧挨东墙而建。正殿坐北面南,面阔三间(坐二破三式),其中泰山庙占明间和西次间,地藏殿占东次间。正殿屋顶多有坍塌,殿内壁画多损坏。

地藏殿内壁画为民国时所绘,颜色多已氧化成黑色,沥粉贴金残存。北墙正壁壁画人物形象可辨,东西两壁南侧脊顶已坍塌,南侧墙面皆为雨水泥浆,绘画已毁。正壁绘有《地藏菩萨坐堂说法图》,正中为地藏菩萨,两侧后各有 1 位侍从,再向外东侧为道明,西侧为闵公,最外侧还各立有一位随从(图 32.7)。

二、山墙壁画

地藏殿正殿内两侧山墙绘有十殿阎君题材壁画。左壁依次绘有一殿秦广王、三殿宋帝王、五殿阎罗王、七殿泰山王、九殿平等王;右壁依次绘有二殿楚江王、四殿五官王、六殿卞城王、八殿都市王、十殿转轮王。

图 32.7 南留庄镇涧埒堡地藏殿正壁

个别地藏殿壁画将山墙的十殿阎君与正壁两侧次间连为一体,两次间分别绘有一殿秦广王与二殿楚江王,两侧山墙再各连上其他四殿;此外还有的在其中加上其他神祇。

涌泉庄乡北方城地藏殿 山墙壁画较特殊、复杂,东壁与西壁下层绘有十殿阎君,上层绘有十二缘觉。下层十殿阎君为新近重绘,上层十二缘觉为旧画。

上层的十二缘觉菩萨,每侧各有六尊。缘觉为梵语 Pratyeka—buddha,旧译为辟支佛,意译为缘觉,也作独觉。一般谓出于佛世,观十二因缘而得悟者为缘觉;出于无佛世,观外缘而无师自悟者为独觉。

东壁从北至南依次为一消□缘觉菩萨、三无畏缘觉菩萨、五□慧缘觉菩萨、七□□缘觉菩萨、九除毒缘觉菩萨、十一狮子吼缘觉菩萨;西壁从北至南依次为二明积缘觉菩萨、四□□缘觉菩萨、六山胜缘觉菩萨、八□□缘觉菩萨、十□□缘觉菩萨、十二□□缘觉菩萨(图 32.8)。

南杨庄乡西北江地藏殿 东壁表面多为白灰浆所覆盖,隐约可见各殿阎王的轮廓,最北侧殿可见题字"三"。西壁保存状况比东壁稍好,但也多漫漶,只能看清十殿的大致轮廓。从西壁布局来看,除了十殿阎君外,东、西两侧壁外侧还各有一位神(图 32.9)。

图 32.8 涌泉庄乡北方城地藏殿西壁上部

图 32.9 南杨庄乡西北江地藏殿西壁局部

草沟堡乡南骆驼庵四神庙地藏殿　位于村西部南侧四神庙内。正殿坐北面南,面阔三间,硬山顶,六架梁出前檐廊。殿分隔为南北二间。北侧为观音殿,南侧殿内分隔为3座独立的殿宇,从东至西依次为关帝庙、龙神庙、地藏殿。西次间地藏殿,进深五架梁。殿内壁抹有白灰浆,白灰脱落处露出壁画,但人物已漫漶。

正壁露出的壁画较少,只有东侧有残存,但已不成画。东、西两壁壁画尚可分辨(图32.10)。该山墙壁画与其他几处不同之处在于,首先,山墙北侧各立有五位十殿阎君,皆手持笏板,侧身面向正壁;南侧再绘有五位十殿阎君殿。其次,每殿之间皆有竖行题字,字数在十一二个左右。由于题字色彩已无,只有凸出部可辨,每段题字很难认全。从辨出的几处来看,内容不成为句,不知是何意。如东壁南1:"阳世所为朝看暮楚訾日已"。

图32.10　草沟堡乡南骆驼庵四神庙地藏殿东壁局部

三、独立成院的地藏寺壁画

蔚县现存独立营建的地藏寺中,尚遗留有壁画的仅代王城镇大堡地藏寺与暖泉镇西古堡地藏寺(显圣庵)2座。

代王城镇大堡地藏寺　俗称后寺,位于堡北墙外侧,这是蔚县现存较为罕见的,称为寺的供奉地藏的场所。地藏寺整座庙院坐北面南,由山门、供佛厅(献殿)、正殿组成。

新修的砖砌庙院南墙上镶嵌有碑亭,内镶嵌有乾隆五十四年(1789)的《重修碑记》。据《重修碑记》记载,该寺始建于明嘉靖三十二年(1553),顺治四年(1647)村人张文范重修。1993年公布为蔚县重点文物保护单位。

正殿为单檐硬山顶,面阔三间,殿内供有新塑的塑像,尚存清末民国时期的壁画。壁画保存较好,色彩艳丽,但十殿阎王下部的地狱部分损毁较严重。

正壁正中为新塑的地藏王菩萨及闵公、道明塑像。两侧次间绘十殿阎王。东次间为一殿秦广大王,两侧为捧印的男侍从与女侍从。西次间为二殿楚江大王,两侧为捧印的男侍从与女侍从。

东壁从北至南依次为三殿宋帝大王、五殿阎罗大王、七殿泰山大王、九殿都市大王(图32.11),以及南侧的显应尊神。显应尊神,身披长袍,头戴长翅的官帽。两侧各有一侍从,北侧的侍从手捧一颗印,南侧的侍从持笔与卷宗。这位显应尊神不知道是何神的显应。

西壁从北至南依次为四殿伍官大王、六殿变成大王、八殿平等大王、十殿转轮大王,以及南侧的丰都大帝。丰都大帝,乃地狱之主宰,冥司最高位的神灵,主管冥司。凡生命之体死后转入地狱,其魂皆隶属于丰都大帝管辖,依生前所犯之罪孽,决定生杀黜陟。

图32.11 代王城镇大堡地藏寺东壁·九殿都市大王

暖泉镇西古堡地藏寺　又称显圣庵,位于南门外南瓮城内西侧,分为前、后两进院。相传,地藏寺始建于清初顺治年间,是古堡乡耆董汝翠所建。当年董家的祖宗董大泽家庭富有,是他捐献了一囤子黑豆建起了地藏寺。

地藏寺在南院开设东门,东门为券形门洞,拱门顶上嵌一块砖匾,匾上砖雕"显圣庵"。前院南侧是一座大影壁,北侧为过街楼式券门,顶部修建面然殿。

后院为双层结构,天井式建筑。一层为窑洞式建筑,建有 12 个全砖券窑洞。二层环绕建有殿堂。

二层北部建有地藏殿,坐北面南,单檐硬山顶,殿宇已修缮,新绘彩绘,新塑塑像,正中塑地藏菩萨像,两侧塑十殿阎君像。殿内壁尚存壁画,为清末民国时期作品。两侧山墙各绘有 5 位阎君立像,与前面的塑像对应。

东西配殿均为面阔五间,四架梁,硬山顶建筑,亦重新修建,西配殿门匾上书"惩恶扬善",东配殿门匾上书"果报分明"。两配殿内南北山墙上尚存清末民国时期的壁画,分别绘有 5 位阎君。

二层南部顶上建有面然大士殿,这是蔚县唯一的供奉面然大士的殿。坐南面北,面阔三间,硬山顶,五架梁,门匾上书"面然心慈"。殿内新塑面然大士塑像,内壁尚存民国时期壁画,漫漶不清。

面然大士殿东西两侧建钟鼓亭。西侧鼓亭旁立一通石碑,北面为康熙十五年(1676)《重修地藏王菩萨庙宇碑记》,南面为乾隆三十一年(1766)九月的《重修暖泉西古堡地藏寺记》。

四、佛寺中的地藏殿壁画

在蔚县现存佛寺中,地藏殿或十殿阎君殿常作为前殿或配殿。由于乡民更重视佛寺,因此佛寺中的地藏殿或十殿阎君殿壁画绘制水平较高,遗留的几处壁画也更为完整,如下宫村乡苏官堡中华严寺地藏殿、涌泉庄乡东陈家涧安乐寺地藏殿、西合营镇羊圈堡隆善寺地藏殿等。

下宫村乡苏官堡中华严寺地藏殿　即中华严寺中殿,坐北面南,面阔三间。殿内正中供新塑地藏菩萨像,两侧各有一位侍者。殿内尚存民国时期的壁画,保存较好,色彩艳丽,是难得的较为完整的地藏殿壁画,山墙壁画底部受损。北墙(正面)东、西次间绘有观音"救八难"与罗汉,东、西山墙绘十殿阎君,将地藏、阎君与观音组合到一个殿内祭拜。

东、西山墙内侧各绘一位护法神,护法神南侧各绘五座阎君殿。东壁为一至五殿(从南至北)即:一殿阎君秦广王、二殿阎君楚江王、三殿阎君宋帝王、四殿阎君五官王、五殿阎君阎罗天子(图 32.12)。

西壁为六至十殿(从北至南)即：六殿阎君卞城王、七殿阎君泰山王、八殿阎君都市王、九殿阎君平等王、十殿阎君转轮王(图 32.13)。

涌泉庄乡东陈家涧安乐寺地藏殿　位于堡北墙外土坡上。据碑铭记载，该寺于清同治年间始建，经数年修建，于同治十三年(1874)竣工，历经六代僧人的重修、扩建，终成现在的规模。现寺院主体由山门、天王殿、钟楼、鼓楼、东配殿(圆通殿)、西配殿(地藏殿)、正殿以及西跨院构成。

地藏殿，即为西配殿，坐西面东，面阔三间，硬山顶，四架梁出前檐廊。前廊北墙上镶嵌一通同治二年(1863)的《阎王殿众山题名碑》[1]。殿内供奉地藏菩萨，新塑塑像，地藏菩萨两侧分别为道明与闵公。

正壁(西壁)明间、北次间新绘壁画，南次间为旧壁画，皆为六幅屏风画，从北至南十二幅屏风题写了《地藏菩萨本愿经》，落款为"岁次壬戌重阳月敬书"(图 32.14)。壬戌年往前溯即为 1922 年、1862 年。依画的风格与色彩应不会早于 1862 年。

南北两侧山墙壁画为清末民国时期作品，绘有十殿阎君，每壁各绘 5 尊，阎罗皆为立像，各有 4 位戴冠冕，一位戴冠，身着袍，手持笏板。

北壁绘单数殿，为一殿阎罗秦广王、三殿阎罗宋帝王、五殿阎罗阎罗王、七殿阎罗泰山王、九殿阎罗都市王，其中下部的地狱图为重新绘制(图 32.15)。

南壁绘双数殿，为二殿阎罗楚江王、四殿阎罗五官王、六殿阎罗卞城王、八殿阎罗平等王、十殿阎罗转轮王，其中下部的地狱图基本保存(图 32.16)。

西合营镇羊圈堡隆善寺地藏殿　隆善寺位于羊圈堡城堡之东北，地处定安河河道西岸，西合营镇四十里凤凰台东北部。据传始建于明成化年间，当年只有大雄宝殿和菩萨殿两层殿堂。清光绪十年(1884)重修了两层大殿后，又新建了东、西两座配殿，十一年(1885)竣工。光绪十七年(1891)又一次彩绘了塑像，砖铺墁了院落。

地藏殿，即为西配殿，坐西面东，单檐硬山顶，面阔三间，四架梁出前檐廊。地藏殿前廊下立有光绪十一年(1885)的《大清光绪十年至十一年创修东西配殿重修正殿过殿碑》，碑阴为布施功德榜，此外还立有光绪十七年(1891)的石碑。殿内明间新塑塑像。

殿内壁尚存壁画，色彩艳丽，为清末民国时期的作品，现代重修时局部作修补。后墙正壁北次间与南次间各绘有 3 座殿(图 32.17、18)，北壁与南壁各绘有 4 座殿(图 32.19、20)，一共绘有 14 座殿，多出的 4 座殿代表何意，还需要进一步辨识。此殿内前槛墙内侧也各绘有壁画，内容为桥与城门。

---

〔1〕 邓庆平：《蔚县碑铭辑录》，广西师范大学出版社，2009 年，第 534—537 页。

图 32.12　下宫村乡苏官堡中华严寺地藏殿东壁

图32.13　下宫村乡苏官堡中华严寺地藏殿西壁

图 32.14 涌泉庄乡东陈家涧安乐寺地藏殿正壁

图 32.15 涌泉庄乡东陈家涧安乐寺地藏殿北壁

图 32.16 涌泉庄乡东陈家涧安乐寺地藏殿南壁

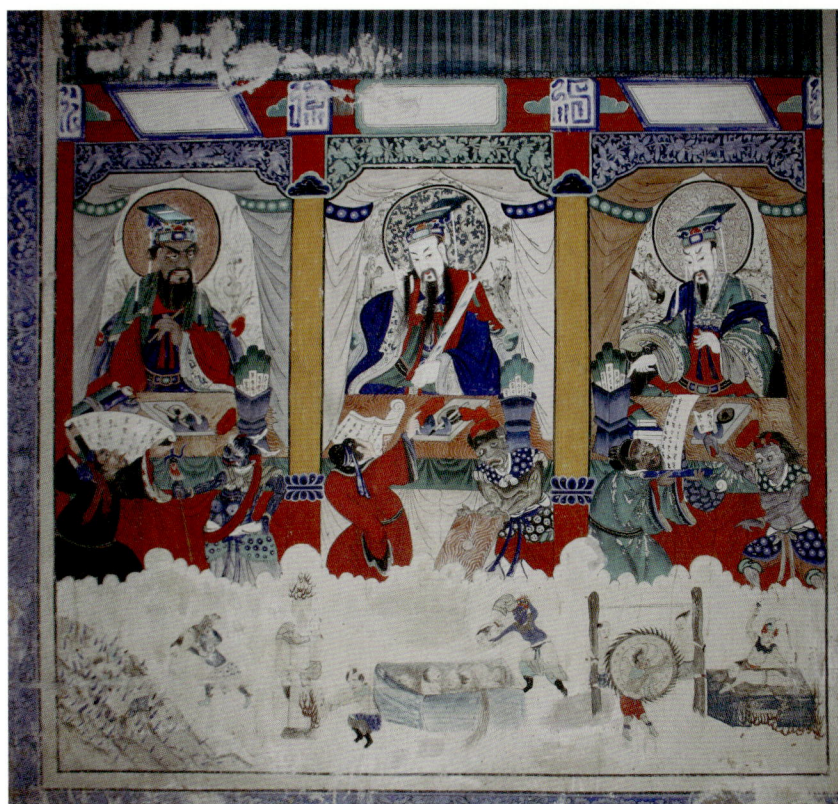

图 32.17 西合营镇羊圈堡隆善寺地藏殿正壁北次间

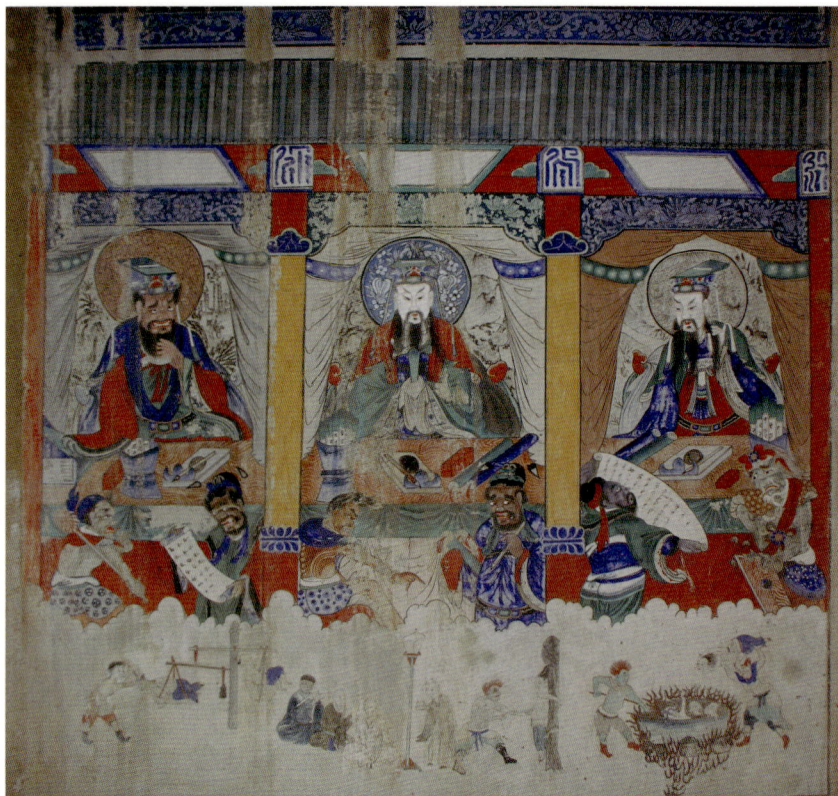

图 32.18　西合营镇羊圈堡隆善寺地藏殿正壁南次间

图 32.19　西合营镇羊圈堡隆善寺地藏殿北壁

图 32.20　西合营镇羊圈堡隆善寺地藏殿南壁

第四节　地藏殿壁画构图特点

从蔚县遗留的地藏殿壁画考察,在各村、各堡独立而建的地藏殿,其壁画的绘制水平、保存状况,都要比在佛寺中作为前殿或配殿的地藏殿内的壁画差,这反映了佛教在村民心中的地位是要高于其他的信仰,因此在壁画绘制方面地藏殿也与大雄宝殿一样,得到了建庙者的重视。

第三十三章　五道庙壁画调查与研究

俗语云:"城隍庙上报了到,五道爷庙上挂了号。"五道神掌管着"生、老、病、死"的最后一个环节,掌管着阳间通往阴间的重要关口。五道神"权力大"且具有同情心,富于正义感,故百姓喜欢他、信仰他,因而建庙奉祀,庙宇遍及蔚县各个村庄。

第一节　五道庙基本情况

蔚县境内几乎每一座城堡或村庄均建有五道庙,且一些规模较大的城堡或村庄常建有多座五道庙,五道信仰已深入到蔚县每一座村庄、每一个村民的信仰中。蔚县各五道庙张贴的楹联或许可以表达村民对五道信仰的理解。涌泉庄乡独树村的内容是"汤子驾下忠良将,太君封过五道神"。草沟堡乡甄家湾五道庙殿内有2副对联,一副为"镇东西南北道路,保前后左右邻居",一副为"拴狼山神将,镇虎五道神"。草沟堡乡乜门子五道庙两侧山墙南侧贴有对联,"三神五道土地府,保佑全村得平安"。常宁乡黄土梁五道庙两侧墀头贴有楹联,上联为"善游此地心无愧",下联为"恶遇五门自胆寒"。

经过田野调查、查阅相关资料或老乡口头流传等了解,经不完全统计,蔚县遗留的五道庙共有 56 座,其中,遗留有壁画的 24 座,旧构或旧址重建后重绘壁画的有 9 座,旧构遗留或遗址尚存的有 23 座。应该说蔚县遗留五道庙的数量,与蔚县村民五道信仰的普及程度,与一村建有多座五道庙的状况是不成比例的,这其中既与人为拆毁有关,也可能与丧葬习俗的改变有关。

虽然大多数五道庙建筑已毁,但五道信仰深植于村民心中,每逢家中有亲人故去,家属在出殡之前,便会在五道庙或旧址上烧纸送魂。此外,五道庙还有保佑孩童的功能,如涌泉庄乡独树村,如果村中有孩童被狼吃掉,村民也要到五道庙内念经,保佑其他孩子平安。

与其他寺庙相比,五道庙是不起眼的小庙,但却占据村中主要路口和交通要道。五道庙多选址修建于村中十字或丁字路口,或建于村头主道两侧。总之,选址在故人通向另一个世界最便捷的必经之路上,这里往往也是亲人们祭奠故人最为便捷的场所。规模较大的村庄建有多座五道庙,这些五道庙分散在村中各个主要路口或主路边。

五道庙建筑在诸神之庙中最为"低调"。正殿以为面阔单间为主,规模较大者建成独立的硬山顶建筑,规模较小者倚墙建成单坡顶建筑,还有的以神龛的形式置于路口。依其所处位置,或坐北面南,或坐西面东。

五道庙遗留有纪年者数量极少,目前仅宋家庄镇宋家庄村五道庙南墙壁画东侧尚存题记:"中华民国六年重修。"

第二节　五道庙壁画中的神祇研究

五道庙是村民祭送亡灵的场所,供奉的五道神掌管着阳间通往阴间重要关口,但五道庙壁画所表现的内容却不是阴间,而是五道神率领众将捉妖除奸的情节,其中的"妖"便是柳树精,"奸"便是奸夫淫妇。五道庙中除了五道神司职以外,还有土地神、山神等一起协助五道神捉妖除奸。一座五道庙,具备了报庙送魂、镇邪扶正的功能,又将土地、山岳融为一体,这也反映了蔚县村民在祭神方面实用性较强的特点。

蔚县现存的五道庙中,后墙正壁与两侧山墙内壁皆绘有壁画。正壁表现的是众神坐堂议事,主要神祇包括,正中的五道神,两侧山神、土地神;在两侧下角,一侧立有判官,一侧立有夜叉。判官手中持生死簿;夜叉手持狼牙棒。五道神脚前两根铁链各拴一匹狼与一只老虎。两侧山墙表现五道神、山神、土地神以及众将出征捉妖和凯旋审妖的场景。

一、五道神

五道神,乡民亦称为五道爷、五道将军,传说为东岳大帝手下的属神,且是最重要的助手,既掌管世人生死与荣禄,又监督阎罗王判案或纠正不公行为,甚至可以代替阎罗王决定世人的寿限。在《十王经》中,五道将军是冥间十王中最后"把关"决定灵魂轮回去向的冥王。佛家传说,人死以后,灵魂到冥间要过"十道关卡",即人死后的"一七""二七"到"七七"四十九天的"七关",再加"百日"、一年、三年,五道将军主管最后一关"三年"。五道将军虽然"权力大",但富有同情心、正义感,所以老百姓喜欢他、信仰他,故建庙奉祀他。蔚县五道庙中供奉的五道神主司两个功能:一是报庙送魂,二是镇邪扶正。

其一,报庙送魂。五道神掌管着阳间通往阴间的重要关口,是把守阴间地府东、南、西、北、中入口的五位守路鬼神,他能摄人魂魄,掌管着阴司诸鬼。这些都表现在村民祭送死者的过程中,必到五道庙报庙的风俗之中。家中有人去世,亲属要去五道庙内为亡灵烧"到头纸"或"买路钱",以表示死者结束阳间生活正式向阴间的"五道爷"报到。五道爷接报后再转报城隍爷,说明又一个子民来阴曹地府上户口。如果人间子女不打招呼,鬼魂会在五道爷面前继续跪着不敢起来。也就是说,如果不到五道庙去报到,故去的亡灵会在村中游荡,而不能进入阴间。

其二,镇邪扶正。五道神除掌管地狱中的神灵外,还主管人间的祸福,时常巡视人间,观察世情善恶,惩恶扬善。在五道庙的壁画中,画中五道将军率众兵捉奸夫淫妇或柳树精,便是惩恶扬善的集中表现。村民们期望五道神将人间的各类妖精、奸夫淫妇捉拿到阴间,而让这个世间再无妖魔,平平安安。

在五道庙正壁的《众神坐堂议事图》中,正中的五道神端坐在宝座上,黑脸长须,怒目圆瞪,头戴盔甲,身披战袍,右手持钢鞭向上,左手握拳置于腰间。五道神脚下拴着一头狼与一只虎(图33.1)。

图33.1　下宫村乡南马庄南堡五道庙正壁·五道神

二、土地神与山神

土地神虽然官位不大，但所管之事却不少，辖区内凡婚丧喜事、天灾人祸、鸡鸣狗盗之事都要负责，而且土地神呈现出一副慈祥老翁的模样，与人较为亲近，所以人们喜欢向他吐露心声，向他祈愿。

古人敬重大山，将山岳神化而加以崇拜，蔚县地貌以山地、丘陵为主，特别是南部的大南山，山中村村建有山神庙。将山神与五道庙供奉于一堂，表明了人们对山神的敬畏之心。

在五道庙正壁的《坐堂议事图》中，土地神为老者形象，长髯飘然，头戴纱帽，身披袈裟，系腰带（图33.2）。山神为武将形象，头戴盔甲，身着战袍，右手持剑，是协助五道神去捉妖除奸的主力（图33.3）。在两侧山墙壁画中，五道神位居中间，跃马挥鞭，山神一马当先，土地神紧随其后。

图 33.2　南杨庄乡九辛庄五道庙东壁·土地神　　图 33.3　南杨庄乡九辛庄五道庙东壁·山神

三、土地神随从

在正壁《众神坐堂议事图》中，土地神的侧后方有随从手持龙头拐杖（图33.4、5）。而在《出征捉妖图》中，土地神挥舞着龙头拐杖紧随其后。龙头拐杖，即龙头杖，为"皇封兵器"之一，古代唯有功勋卓著的文武大臣才会获此殊荣，寓意"上打昏君，下打奸佞"，起到劝诫、告诫等震慑作用。土地神的随从手持龙头拐杖，寓意五道已具有"上打昏君、下打奸佞"的权力。

四、柳树精与奸夫淫妇

蔚县的村庄内柳树较多，特别是水塘周边，更是柳树成荫，但蔚县的柳树枝杈招展，如果在黑夜观之，如同披头散发的恶鬼，故当地有柳树成精的传说。为了防止柳树精扰民，一些神祇便扮演了捉柳树精除妖的角色。

图 33.4　下宫村乡南马庄南堡五道庙
　　　　　正壁·土地神随从

图 33.5　涌泉庄乡汤庄子五道庙西壁·土地神随从

在中国传统社会,奸夫淫妇——偷情不能为社会所容忍的,古人眼中,奸夫淫妇与害人的妖精无异,为了宣扬教化,便由五道神替村民捉拿奸夫淫妇(图 33.6、7)。

第三节　五道庙壁画构图

据田野调查,蔚县有 24 座五道庙遗留有壁画,但保存较为完整者凤毛麟角。五道庙壁画以正壁的《众神坐堂议事图》及两侧山墙的《出征图》《凯旋图》为主,虽然遗留的数量不多,但壁画内容形式多样,说明蔚县五道庙壁画在流传上有多个粉本,流传中也发生着变化。

一、正壁壁画

据调查,五道庙正壁尚存壁画者有 14 座,但保存较为完整的数量不多。仅宋家庄镇宋家庄五道庙、南杨庄乡东大云疃东堡五道庙、下宫村乡下宫村五道庙、下宫村乡南马庄南堡五道庙、下宫村乡东庄头五道庙 5 座保存较好,其他皆有不同程度的毁损。

图 33.6　下宫村乡南马庄南堡五道庙
北壁·奸夫淫妇

图 33.7　下宫村乡南马庄南堡五道庙南壁·奸夫淫妇

五道庙正壁绘《众神坐堂议事图》，以五道神、山神、土地神为主神，正中为五道神，两侧分立山神与土地神；五道神侧后各有一位随从，土地与山神后侧各有一位随从；在两侧下角，一侧立有判官，一侧立有夜叉；判官手中持生死簿，夜叉手持狼牙棒；在五道神脚前两根铁链各拴一匹狼与一只老虎。规模较大的五道庙正壁，如宋家庄镇宋家庄五道庙正壁，3 位主神之间还有 4 位神将，其中 1 位是文官，负责监督判官的生死簿的执行情况；另 3 位为武将，手持宝剑，是捉妖大军的主力。

下宫村乡南马庄南堡五道庙　正殿内壁画是蔚县保存最好的一堂五道庙壁画，也是现存各五道庙壁画中神祇数量最多的。此庙位于南堡西门外，坐西面东，面阔单间。殿内壁画为民国时期的作品，保存较好，色彩艳丽，人物形象生动。

正面绘《众神坐堂议事图》，正中为五道神。五道神手持钢鞭。下排两侧，南侧为 2 位武将与土地神，北侧 1 位文官、1 位武将与山神，武将皆头戴兜鍪，手持宝剑。在议事图的南北下角，北下角立一位判官，手持生死簿；南下角立着夜叉，手持狼牙棒。众神的上排两侧各有 2 位头戴明代大帽的武士，外侧各有一位随从。南侧的随从为土地神随从，手持龙头拐杖。五道神脚下前方，拴着一头狼与一只虎（图 33.8）。

下宫村乡下宫村五道庙　位于堡内丁字街口北侧，与南门相对。正殿坐北面南，面阔单间，半坡顶，进深一椽。殿内尚存民国时期的壁画，保存完整，色彩鲜艳，是蔚县现存较好的五道庙壁画之一。由于正殿是半坡顶，面阔较窄，因此正壁壁画紧凑，以突出三位主神。

图 33.8　下宫村乡南马庄南堡五道庙正壁

正壁绘《众神坐堂议事图》，正中为五道神，占画面三分之一的空间，身材高大魁梧，脚下为两根铁链，各拴一匹狼与一只老虎，两侧后为随从。西侧为土地神，土地神后为手持龙头拐杖的随从。东侧为山神，山神后为手持书卷的随从。正壁两侧下角，东下角为手持生死簿的判官，西下角为手持狼牙棒的夜叉（图 33.9）。

宋家庄镇宋家庄村五道庙　是蔚县现存五道庙壁画中保存较好的一座。位于堡南门外路口东南角，坐东面西，面阔单间。据正殿内南墙壁画东侧题记，此庙于"中华民国六年重修"，从色彩判断，壁画用色也符合民国时期的特征。

壁画色彩较鲜艳。正壁绘《众神坐堂议事图》，构图、人物与下宫村乡下宫村五道庙正壁相似（图 33.10）。

图 33.9　下宫村乡下宫村五道庙正壁

图 33.10　宋家庄镇宋家庄村五道庙正壁

南杨庄乡东大云疃东堡五道庙　位于堡内主街与西侧第二条横街的交会处路西南。正殿坐西面东,面阔单间。殿内尚存清末民国时期的壁画,保存较好,正壁正中绘有《众神坐堂议事图》,总体布局与下宫村乡下宫村五道庙正壁的相似(图 33.11)。

除上述外,还有涌泉庄乡西窑头五道庙(图 33.12)、代王城镇南门子五道庙(图 33.13)、下宫村乡东庄头五道庙(图 33.14),这 3 座五道庙的壁画与以上相近,但保存较差,画面受损较严重。

与以上不同的是白草村乡王家梁五道庙。

白草村乡王家梁五道庙　位于龙神庙东耳房,坐北面南,半坡顶,进深二椽。殿内壁画已漫漶。但尚可分辨出所绘为《众神坐堂议事图》,正中为五道神,左侧为山神,右侧为土地神。此堂壁画与蔚县其他五道庙正壁壁画有所不同,正壁只绘五道神、山神与土地神,未见随从、判官、武将等,较为特殊(图 33.15)。

正壁《众神坐堂议事图》中仅绘五道神、山神与土地神,在涌泉庄乡辛庄村五道庙(图 33.16)新绘壁画中也有体现,后者亦为半坡顶式的小殿,或许因为小殿正壁的面积过小,故只能采用此构图方式。而且从两侧山墙壁画来看,也采用了简化的构图方式。

图 33.11　南杨庄乡东大云疃东堡五道庙正壁

图 33.12　涌泉庄乡西窑头五道庙正壁

图 33.13　代王城镇南门子五道庙正壁

图 33.14　下宫村乡东庄头五道庙正壁

图 33.15　白草村乡王家梁五道庙正壁

图 33.16　涌泉庄乡辛庄五道庙新绘壁画

二、山墙壁画

五道庙山墙壁画表达的是镇邪扶正的场景,主体内容是五道神领众神捉妖除奸。五道神的左侧(面向门,下同)山墙绘有《出征捉妖图》,右侧山墙绘有《凯旋图》,此为蔚县五道庙山墙壁画的主流内容。目前,仅发现宋家庄镇宋家庄村五道庙西壁与南杨庄乡东大云疃东堡五道庙南壁所绘不是《凯旋图》,而是《三神审妖图》这一特殊案例。

(一)《出征捉妖图》与《凯旋图》

《出征捉妖图》描述了五道神出征,捉拿奸夫淫妇或柳树精、狐精的场景:五道将军率众神出征,策马奔驰,大军跃马飞奔而来。画面最外侧绘有一个山洞,洞内有一男一女,从形象来看是偷情的奸夫淫妇,洞口常有一位小妖手持令旗单腿跪地,应是传报洞外大军已至。还有部分壁画表现的是奸夫淫妇头顶柳树,仓皇而逃。

《凯旋图》描绘了五道将军率众神得胜回府,山神、五道神与土地神依次列队而行。队列的后面是被铁链所缚的奸夫淫妇或柳树精,通常由小将拉着跟随。

五道庙山墙壁画遗留数量较少,其中下宫村乡南马庄南堡五道庙、宋家庄镇宋家庄村五道庙保存较好,南杨庄乡东大云疃东堡五道庙被报纸所覆盖,其他几堂皆有残损。

下宫村乡南马庄南堡五道庙 两侧山墙壁画保存较好。北壁绘《出征捉妖图》。五道神引领山神、土地神与众将们出征捉妖。画面右上角洞中躲着奸夫淫妇,洞前跪着通风报信的家兵。五道神在上、山神在下冲在捉妖队伍的前列,随后是3位手持宝剑的武将与紧随在山神后的文官。土地神紧随文官之后,其上方为手持生死簿的判官,决定着世间的奸夫淫妇、妖魔鬼怪的生死(图33.17)。

南壁绘《凯旋图》,图中左上角是被捉拿的奸夫淫妇、柳树精等世间妖魔。左下方有一位文官正在核准判官手中的生死簿上所列之妖是否都一一捉拿到案。得胜凯旋队伍中,上排有武将、山神与五道神,下排有土地神与2位武将(图33.18)。

宋家庄镇宋家庄村五道庙 是五道庙山墙壁画中保存较好的一堂,虽然下部因堆放柴草而损毁较重,但上部的主体画面保存较好。

东壁绘《出征捉妖图》,主体画面为跃马飞奔的大军,山神打头阵,中间是五道神,殿后的是手持龙头拐杖的土地神;外侧上方有一山洞,洞中桌后坐一男一女,从形象来看是奸夫淫妇,洞口有一位小妖,手持令旗,单膝跪地,应是传报洞外大军已至,洞口还有一位小妖被大军追得仓皇而逃(图33.19)。

南杨庄乡东大云疃东堡五道庙 山墙壁画布局与宋家庄镇宋家庄村五道庙的相似,北壁绘《出征捉妖图》,画面中间战马奔腾,令旗招展,画面右上角为奸夫淫妇(图33.20)。

图 33.17　下宫村乡南马庄南堡五道庙北壁

图 33.18　下宫村乡南马庄南堡五道庙南壁

图 33.19　宋家庄镇宋家庄村五道庙东壁

图 33.20　南杨庄乡东大云疃东堡五道庙北壁

南杨庄乡九辛庄五道庙　位于大庙正殿西次间,坐北面南。因九辛庄位居南山脚下,当地长者云此为山神庙。殿内有部分维修,东、西山墙壁画只保存有四分之三,壁画保存较好,人物线条清晰,色彩鲜艳,为清末民国时期的作品。东壁绘《出征捉妖图》,捉妖大军中山神冲在前面,回首看着中间的五道神,土地神仍然殿后,图右上角的山洞中是奸夫淫妇图。西壁为《凯旋图》,山神、五道神、土地列队而归,后面跟随捉拿的奸夫淫妇,前面的判官手持生死簿准备审判定刑(图 33.21、22)。

图 33.21　南杨庄乡九辛庄五道庙东壁

图 33.22　南杨庄乡九辛庄五道庙西壁

涌泉乡西陈家涧五道庙　位于堡内南十字街口东北角。正殿坐北面南,面阔单间,殿内尚存清末民国时期的壁画,壁画为白灰浆覆盖,破坏严重。只有东壁残存中箭的小神,西壁残存有被捉拿的奸夫淫妇等(图 33.23)。

涌泉庄乡西窑头五道庙　正殿北、南山墙壁画稍完整。北壁为《出征捉妖图》,画中山神、五道神、土地神列队出征,后上方判官手中拿着生死簿,前上方为官员形象的奸夫淫妇(图 33.24)。

图 33.23　涌泉乡西陈家涧五道庙西壁·捉拿妖精

图 33.24　涌泉庄乡西窑头五道庙北壁·出征捉妖

南壁为《凯旋图》，画中山神、五道神、土地神悠闲回归，随后的判官打开生死簿，土地神正在核实审判情况，其上方为链条拴着的一串奸夫淫妇与恶人（图33.25）。

图33.25　涌泉庄乡西窑头五道庙南壁·被捉众妖

类似于涌泉庄乡西窑头五道庙南壁《凯旋图》中用铁链将众妖拴在一串的场景，在大南山深山中的草沟堡乡阁上村五道庙内也发现类似的场景，虽然后者画面受损严重，但半弧的线条，成串的众妖与前者很相似（图33.26）。这其中是否有粉本上的相同，还需要进一步研究。

宋家庄镇南方城五道庙　位于堡北门外西侧大柳树下。正殿坐西面东，面阔单间，东、南墙已坍塌，幸存的北墙尚残存有壁画，色彩较艳，画中人物已漫漶，惟有一面三角旗特别醒目，从内容上看，所绘为《出征捉妖图》，画面右上角山洞中藏着奸夫淫妇，洞外大兵压境，有一小鬼举三角旗仓皇禀报（图33.27）。

代王城镇南门子五道庙　正殿东山墙已毁，正壁、西山墙壁画尚存。西壁绘《凯旋图》，众神后面为被拴住的奸夫淫妇（图33.28）。

草沟堡乡行岭五道庙　位于村口戏楼东侧大榆树下，正殿坐东面西，面阔单间，硬山顶，进深二椽，殿内北墙尚存民国时期的壁画，画中有五道神、山神与土地神等（图33.29）。行岭五道庙虽保存较差，但因该村位于大南山的深山中，幸存未毁已实属不易，更重要的是壁画所表现的场景与平原地带的五道庙存在差异，此背景中的群山、树木在平原地带的五道庙中罕见，且众神的行进方向也是不同的。

图 33.26　草沟堡乡阁上五道庙西壁左上角·拴奸夫淫妇

图 33.27　宋家庄镇南方城五道庙北壁

图 33.28　代王城镇南门子五道庙西壁

图 33.29　草沟堡乡行岭五道庙北壁

（二）《三神审妖图》

该题材见于宋家庄镇宋家庄村五道庙西壁（图 33.30）与南杨庄乡东大云疃东堡五道庙南壁（图 33.31）。画面中，五道神、山神、土地神坐于宫殿内，殿外有一案桌，判官立于桌后，前面跪下的是捉拿回来的奸夫淫妇，判官正对他们进行审判定罪。

（三）供奉伍子胥的五道庙

在蔚县五道庙中，壁画内容表现的不是五道神的只有代王城镇张中堡五道庙，从内容看所绘为伍子胥的故事。该五道庙位于堡内十字街东北角，坐北面南，面阔单间，硬山顶。正殿墙壁尚存清末民国时期的壁画，表面多涂刷白灰浆，画面漫漶。正壁损毁严重，残画中可看出绘有两位侧面相视的人物，具体内容无法释读。东、西两侧山墙壁画为连环画形式，壁画上部第 1 排为 2 列，基本保存；下部第 2 排为 3 列，损毁严重。每幅画中残存有榜题，从内容看是伍子胥的故事。

东壁

临潼会伍员举鼎		出潼关别侯归国	
牛展雄夜伏双虎	（榜题糊）	（榜题糊）	

西壁

皇甫纳代员过招关		鱼藏剑传诸刺王僚	
（榜题糊）	（榜题糊）	（榜题糊）	

临潼会伍员举鼎　出自元杂剧《临潼斗宝》。春秋时期，各诸侯国纷纷争夺霸主地位，秦穆公为了威震其他诸侯国，采纳谋士的建议，邀请十七国诸侯王到临潼开展览会，各国把自己的国宝拿来展览，评出最佳传国之宝。楚国大夫伍子胥明白秦穆公的用意，在会上举鼎示威，制服秦穆公（图 33.32）。

五道神中之所以出现伍子胥题材故事，推测绘制壁画的画工，已将道教中的五道将军与伍子胥混为一谈，大概因为"五"与"武"谐音，因此该庙壁画一反五道庙壁画的传统，由此可以窥见戏曲文化对民间信仰的影响。

第四节　五道庙壁画构图地域分布及与周边地区比较初探

一、五道庙壁画集中发现于华北地区，地域特征明显

五道信仰虽在国内各地流行，但从目前掌握的资料情况来看，华北地区相对比较集中。

图 33.30　宋家庄镇宋家庄村五道庙西壁

图 33.31　南杨庄乡东大云疃东堡五道庙南壁

图 33.32　代王城镇张中堡五道庙东壁·临潼会伍员举鼎

而目前发现五道庙遗留有壁画的地区集中在蔚县、北京等沿长城一带区域；山西省虽有五道庙遗留，但未发现遗留有壁画。

北京地区的五道庙分布在各城区，残存的几幅五道庙壁画与蔚县五道庙壁画相比还有一定的地域差异。从目前掌握的信息来看，北京地区的五道庙除主职——报庙送魂、镇邪扶正的功能外，还兼有其他的功能，属于"一岗多职"，且壁画的构图与表现形式也不同。如延庆区东桑园村五道庙两侧山墙壁画中，众神没有挥舞着手中的兵器出征，而是骑马列队而行（图 33.33）。山墙壁画内侧出现了如蔚县龙神庙壁画中的宫殿，殿内有 2 位文官形象的神祇，初步判断可能为判官。在《出征图》中，宫殿内的 2 位官人目送众神出征；在《回归图》中，两位官人端坐于宫殿，正在开堂审妖（图 33.34）。在壁画的底部出现了如龙神庙中降雨时躲雨的人物，由此可见五道神还承担了龙神行雨的功能（图 33.35）。

山西省境内的五道信仰在晋北、晋中地区的民间仍很普遍，仅晋北的忻州市忻府区秦城乡的北唐村 1 座村庄就曾建有 72 座五道庙。山西境内遗留的五道庙虽多，还没有发现遗留有壁画的，只是在五道庙中塑有五道神等塑像，如平定县岔口乡大红岭村五道庙正堂中有 1 排 4 尊神像，塑有马王爷、五道爷、牛王爷、土地爷，两边各有泥塑夜叉、判官一位。另外，晋北地区的五道庙旧时也曾兼有行雨的功能，如忻府区秦城乡北唐村五道庙。

图 33.33　延庆区东桑园村五道庙壁画局部

图 33.34　延庆区东桑园村五道庙壁画·审妖

图 33.35　延庆区东桑园村五道庙壁画·行雨

二、镇邪扶正捉妖的功能在不同的地域由不同的神祇承担

　　蔚县五道庙的山墙壁画表现的是五道神出征捉妖、凯旋的场景。从壁画中体现了五道神的另一个功能，即镇邪扶正捉妖。这一功能在陕西榆林地区由城隍、关帝、龙神等神祇承担，因此，这一地区很少建有五道庙。镇邪扶正捉妖在长城沿线的各地区都有需求，只是承担此职的神祇有所区别。

第三十四章 马神庙壁画调查与研究

在中国传统社会,马匹有着举足轻重的作用。战争时期马作为军需品,是国家军事实力的象征,对于作战双方的胜负常会起到关键作用。和平时期作为畜力,南来北往的商贾也离不开马。因此,地处交通"十字路口"的蔚县,马神信仰较为普遍,也营建了数量众多的马神庙。

第一节 马神庙基本情况

蔚县境内的马神庙分布较广,从河川地区到丘陵山区皆有分布,但并未普及到每一座村庄。马神庙的分布应与古代该村庄是否为军(屯)堡或商业集市或养过马有一定的关系。经过田野调查、查阅相关资料或老乡口头流传等了解,经不完全统计,蔚县遗留的马神庙共有 29 座,其中,遗留有壁画的 8 座,旧构或旧址重建后重绘壁画的有 6 座,旧构遗留或遗址尚存的有 15 座。8 座遗留有壁画的马神庙中,埚郭堡方圆寺马神殿为佛寺中的配殿。

马神庙的选址多位于村庄要道附近,既不醒目突出,亦不隐而不见。从现存情况考察,位于堡门外侧周边者居多。依附于寺庙而建的马神庙,或作为配殿,或作为耳殿,或仅为一座小龛,没有固定的位置。

第二节 马神庙壁画中神祇的研究

马神信仰可上溯到先民的动物崇拜。明代时,对马神的崇拜取代对马的崇拜,并纳入国家正祀体系中,"洪武二年命祭马祖、先牧、马社、马步之神,筑坛后湖"[1]。位于中原

---

[1] 张廷玉等:《明史》,中华书局,1974 年,第 1303 页。

与草原战略对峙的北方地区，马是重要的战略物资，也是推行马政政策的主要地区，大凡驻兵、屯兵的堡寨普遍建有马神庙，而有马政之职的州县地区，则由州县官员负责主持马神的祭祀活动。

清代的马神崇拜在不同的祭祀群体中被赋予了不同的功能和意义。官方崇拜马神，与养马、管理马匹有关；武官和军人祭祀马神缘于常年征战，希望马神保佑自己立功归来；马市、马行或驴市、驴行的人祭祀马神，主要还是出于一种祈求庇佑和感恩酬报的心理；而民间对马神的崇拜和祭祀，远不如官方、军人与商人[1]。

在民间，马神俗称为马王爷，被认为是道教的神明，全称"灵官马元帅"，传说长有三只眼，又称"三眼灵光""三眼灵曜"。《南游记》里马王爷的名字叫"三眼华光"，记录了三只眼的来历。说的是玉皇大帝派星日马、娄金狗、奎木狼、虚日鼠等四神下凡，于东、南、西、北各走一方巡察善恶。返回天庭向玉帝述职时，其他三位神所述的均是下界一片歌舞升平景象，只有星日马所述善恶皆有，并且有豪强欺负穷人之事。玉帝听了不太相信，便派太白金星下界复查。得知其他三神所报不实，他们在下界贪吃受贿，昧着良心说了假话，只有星日马廉洁奉公，好坏善恶如实奏报。于是玉帝连声夸他明察秋毫，又赐给他一只竖着长的眼睛。自此马王爷比以前更加目光如炬，人见人怕。于是，民间流传这样一句俗语："你可知道马王爷，三只眼不是好惹的。"

图 34.1　南留庄镇埚郭堡方圆寺西配殿南壁·马神

---

〔1〕　邓庆平：《明清北京的马神崇拜及其功能、意义的转变》，《北京社会科学》2006 年第 2 期。

蔚县马神庙壁画中,正壁绘有《马神坐堂议事图》,两侧山墙分别绘有《出征图》与《凯旋图》。马神的形象为三头六臂,正面右手向上持剑,左手握铜钟,其他四臂从肩部向上伸出,分别持有弓、箭、刀、符咒等。随同马神一起征战的一般有 2 位道士、文官与武官,以及手持各式宝物的随从(图 34.1)。

第三节　马神庙壁画构图

旧时蔚县境内的马神庙普及程度不高,目前遗留有壁画的仅 8 座,且壁画表面也多涂刷白灰浆,因此目前尚未发现一座完整的马神庙壁画。因此只能从遗留的局部壁画,从不同的角度来分析马神庙壁画的构图规律。

一、正壁壁画

马神庙的正壁绘有《马神坐堂议事图》,马神居中,两侧分列随从与文武众将、道士。中间的马神三眼圆瞪,身披战袍,右手持剑,威风凛凛。文武众将、道士毕恭毕敬,文官持笔卷,武官持刀剑,似等待号令立即出发。目前,马神庙正壁壁画遗留下来的只有 3 处,其中以蔚州镇李堡子六神庙马神殿正壁保存较完整,其他 2 处都有残损。

蔚州镇李堡子六神庙马神殿　位于六神庙正殿的北侧,面阔单间。殿内正中供马神塑像。正壁绘有《马神坐堂议事图》,正中绘有马神,两侧分列随从与文武众将。马神额头有眼,身披战袍,右手持剑。道士与随从簇拥两侧,似等待号令立即出发。东侧随从手中端盘,盘中有马(图 34.2);西侧随从手中捧印,印用布包裹。两侧侍童各端一盘花草(图 34.3)。

南留庄镇水东堡马神庙　位于堡南门外东侧的庙院内。正殿坐东面西,殿内隔为三间,从南至北分别为马神庙、关帝庙与财神庙。马神庙殿内新塑六臂马神像,壁画表面曾涂刷白灰浆。近年修缮寺庙时,村民将白灰浆洗去,露出壁画。正壁绘《马神坐堂议事图》,两侧山墙分别为《出征图》与《凯旋图》。

正壁《马神坐堂议事图》中,正中绘有马神,两侧分列随从与文武众将。马神身披战袍,右手持剑。文武众将簇拥两侧,似等待号令立即出发(图 34.4)。

黄梅乡黑坞马神庙　位于西门外的一座寺庙群内,整座庙院坐北面南,其中西殿进深五架梁出前檐廊,马神庙位于西殿的西次间。马神庙西山墙已覆盖厚厚的白灰浆,中间涂有一块黑板。与明间相隔的东隔墙已拆除。殿内壁只有正壁白灰浆脱落,露出底下的绘画,但画面漫漶,破坏严重。正壁绘《马神坐堂议事图》,正中为马神,两侧分列道士与随从(图 34.5)。

图 34.2　蔚州镇李堡子六神庙马神殿正壁东侧

图 34.3　蔚州镇李堡子六神庙马神殿正壁西侧

图 34.4　南留庄镇水东堡马神庙正壁

图 34.5　黄梅乡黑坞马神庙正壁

由于从现存的马神庙正壁很难看清全部壁画的内容，只能从近年蔚县重绘的马神庙壁画中了解，这其中，阳眷镇柳涧沟马神庙正壁壁画相对来说保留了一定的传统，能反映正壁壁画的内容。

壁画正壁绘《马神坐堂议事图》，马神三头六臂，正面右手向上持剑，左手握铜钟；其他四臂从肩部向上伸出，分别持有弓、箭、刀。两侧各绘一位道士与侍童；身后各有一位随从，东侧一位捧印，西侧一位手持符咒（图34.6）。

图34.6　阳眷镇柳涧沟马神庙正壁

二、山墙壁画

马神庙山墙壁画表现的是马神征战的情节，一侧为《出征图》，一侧为《凯旋图》。在出征与凯旋图中，马神皆居中，两位道士一前一后，各随从有开道的，有殿后的。田野调查中，目前发现6处遗留有山墙壁画的马神庙，除蔚州镇李堡子六神庙马神殿外，其余壁画均不完整，画面多已漫漶。

《出征图》中马神位于中心，策马挥剑，双刀高举，拉弓搭箭，握长枪，持符咒。随后紧跟手持战旗的武将，有文官骑马引领队伍，有道士骑马紧随。马神前后还有数位随从，手端瑞盘,盘中置有山、鸟等宝物。

《凯旋图》中位于中心的马神悠闲地骑马,刀剑收回。随后紧跟手持战旗的武将,文官与道士分列于前后。马神前后还有数位随从分列,手端瑞盘,盘中置有山、鸟等宝物。

蔚州镇李堡子六神庙马神殿 正殿山墙壁画保存较好,现为已知保存最为完整的一幅。西壁为《出征图》,东壁为《凯旋图》。

西壁《出征图》中,马神居中,六臂高举手中的各类武器,两位道士一前一后跟随,前有开道的锣鼓队伍,后有殿后的旗手(图34.7)。

东壁《凯旋图》中,马神居中,回首观望。似与道士沟通出征战果如何。前有开道的锣鼓,队后有手端花盘的随从(图34.8)。

除上述外,其他5座马神庙,如南留庄镇涧㙟堡马神庙(图34.9、10)、南留庄镇水东堡马神庙(图34.11、12)、南留庄镇单堠马神庙(图34.13、14)、南留庄镇田家庄马神庙(图34.15、16)、黄梅乡赵家寨马神庙(图34.17),两侧山墙的《出征图》与《凯旋图》的构图基本相近。

三、佛寺中的马神殿壁画

蔚县佛寺中建有马神殿作为配殿不是普遍现象,目前只有少数佛寺中有此配备,遗留有壁画的仅有南留庄镇坞郭堡方圆寺马神殿。

坞郭堡方圆寺马神殿 即西配殿,坐西面东,面阔三间,硬山顶,四架梁出前檐廊。殿内尚存清末民国时期的壁画。

殿内西墙正壁上半部脱落,壁画仅存下半部。明间正中绘《马神坐堂议事图》(图34.18),画面中心为一位持利剑的马神,身饰火焰纹,前卧一匹回首白色神驹,两侧皆是随从。北次间与南次间各绘一位神祇。北次间保存较全,神祇身后各有一位持扇侍童,两侧各立一位随从;南次间受损严重,仅存下半部,两侧随从可见,构图应与北次间相似。结合两侧山墙神祇情况,这两位应是随马神出征的文官与道士。

北墙绘《出征图》,表现是战斗场面,画面视觉动感强烈,表现一场大战即将来临,马神位居正中上方,前后有随从,文官与道士在下方(图34.19)。南墙绘《凯旋图》,表现的是出征得胜归来的场景,几位骑马者悠闲而归,画面比较安静(图34.20)。两山墙壁画的下部,绘有百姓的生活场景。北墙绘《郊野牧马图》,南墙表现的是拴马、散马、遛马等。

图 34.7　蔚州镇李堡子六神庙马神殿西壁·出征

图 34.8　蔚州镇李堡子六神庙马神殿东壁·凯旋

图 34.9　南留庄镇涧塄堡马神庙北壁

图 34.10　南留庄镇涧塄堡马神庙南壁

图 34.11　南留庄镇水东堡马神庙南壁·马神

图 34.12　南留庄镇水东堡马神庙北壁

图 34.13　南留庄镇单堠马神庙南壁

图 34.14　南留庄镇单堠马神庙北壁

图 34.15　南留庄镇田家庄马神庙北壁

图 34.16　南留庄镇田家庄马神庙南壁

图 34.17　黄梅乡赵家寨马神庙东壁·道士

图 34.18　南留庄镇埚郭堡方圆寺马神殿正壁

图 34.19　南留庄镇坞郭堡方圆寺马神殿北壁

图 34.20　南留庄镇坞郭堡方圆寺马神殿南壁

第四节　马神庙壁画构图特点及与周边地区比较初探

从掌握的相关资料来看,明长城沿线与北京周边明清两代建有一定数量的马神庙。在长城沿线的城堡调查中,多数城堡都曾建有马神庙;据《(光绪)顺天府志》,清代北京所附州县共 23 个,建有马神庙的共 18 个。从记载来看,这些马神庙多是官方或屯军所建,用于官方的马政祭祀。

北京居庸关马神庙　是长城沿线现存规模最大的马神庙,由正殿、两侧配殿组成。正殿正中泥塑坐姿马神一尊,两侧泥塑水神和草神,马神前塑两侍卫。南配殿泥塑站姿马王 3 尊,分别是金日䃅、殷郊、房星。北配殿塑坐姿马社、马牧、马步。各殿内墙壁虽绘有壁画,但并非蔚县同类题材的《出征图》《凯旋图》,各殿分别绘的是《抛线图》《赐草医病图》《晒袍图》《降龙伏波图》《饲马和牧马图》《天马行空》《龙马驮书》等壁画。

相比来说,蔚县作为交通的"十字路口"马神信仰较为普遍,在很多民堡或交通要道的村庄,建造了马神庙,因此蔚县的马神庙更具有民间祭祀的色彩,是从官方马政祭祀转向民间祭祀最为典型的地区。在长城沿线地区,目前只在山西省左云县白烟墩村马神庙、陕西省榆林市榆阳区常乐旧堡马神殿等处发现马神出征题材的壁画。

山西省左云县白烟墩村马神庙　与泰山庙、龙神庙共祀一座面阔三间的正殿内,殿内壁画保存较好。东壁绘马神《出征图》,马神一马当先,紧随其后的大将也是三只眼,殿后的是道士,其间随从与武将伴随,图的南侧是被马神大军逼到一角的奸夫淫妇、鸟人、兔人;西壁为《凯旋图》,队列的后面是被捉的奸夫淫妇、鸟人、兔人(图 34.21)。从此场景可以看出,该庙的马神兼备了蔚县五道神捉妖镇邪的功能。

陕西省榆林市榆阳区常乐旧堡马神庙　该庙位于一座庙群中,正殿坐东面西,殿内两侧山墙壁画尚存,南壁为《出征图》,北壁为《凯旋图》,图中人物、场景简单,只有马神与两位随从(图 34.22、23)。

综上所述,虽然蔚县马神庙遗留的壁画数量相对较少,但这一数字相比于在国内其他地区,特别是长城沿线,数量还是相当可观的,在研究民间马神信仰方面具有重要意义,弥足珍贵。

图 34.21　山西省左云县白烟墩村马神庙东壁局部

图 34.22　榆林市榆阳区常乐旧堡马神庙西壁

图 34.23　榆林市榆阳区常乐旧堡马神庙东壁

第三十五章　财神庙壁画调查与研究

人们追求、向往美满富裕的生活是与生俱来的、普遍的愿望,而愿望的实现与个人占有财富的多寡有关。于是,崇奉财神,希冀财神保佑自己发财成为人们普遍的心理。

第一节　财神庙基本情况

经过田野调查、查阅相关资料或老乡口头流传等了解,经不完全统计,蔚县遗留的财神庙共有 27 座,其中,遗留有壁画的 9 座,旧构或旧址重建后重绘壁画的有 9 座,旧构遗留或遗址尚存的有 9 座。

从遗留的财神庙选址来看,庙宇没有固定的位置。独立而建的庙院或庙殿,多选址修建在村庄交通便捷之处。依附于寺庙而建的财神庙,或位于配殿,或位于耳殿,或只是一座神龛,也没有固定的位置。

第二节　财神庙壁画中神祇的研究

在中国传统社会里,财神信仰的主神较为复杂,有五大财神之说:中斌财神王亥(中),文财神比干(东)、范蠡(南),武财神关公(西)、赵公明(北);还有其他四方财神:端木赐(西南)、李诡祖(东北)、管仲(东南)、白圭(西北)。以上曾被道教分为"四面八方一个中"的财神阵容。此外,在财神的神谱中,还有五路财神等说法。这些财神中,武财神关公在关帝庙章节中已介绍,本节仅对文财神比干、武财神赵公明、五路财神展开介绍。

一、文财神比干

文财神比干,乃殷商贵族商王太丁之子。传说比干天资聪慧,勤奋好学,20岁就以太师高位辅佐帝乙,又受托孤之重辅佐帝辛(即商纣王)。比干从政40多年,主张减轻赋税徭役,鼓励发展农牧业,提倡冶炼铸造,以富国强兵。比干以忠言进谏纣王,却遭妲己设计陷害。妲己谎称圣人有七窍玲珑心,要纣王将比干剜心观看,以示其忠贞。纣王昏庸,竟然照做,导致比干身死。在民间信仰中,比干生前正直,死后无心,故不会心存成见,大众出于对财富公平分配的渴望,将其奉为财神。

二、武财神赵公明

武财神赵公明,是道教的护法四帅之一,是虚构的人物。传说他与钟馗是老乡,终南山人氏。自秦时避世山中,一心修道。汉代张道陵张天师入鹤鸣山精修时,上天命赵公明为其护法。张天师炼丹成功,分丹让赵公明食之,遂能变化无穷。于是张天师命其守玄坛,故被天帝封为"正一玄坛赵元帅",因其身骑黑虎,故又称"黑虎玄坛"。《三教源流搜神大全》中描绘的赵公明形象为:头戴铁冠,手执铁鞭,面黑而多须,跨虎,称他能"驱雷、役电、唤雨、呼风、除瘟、剪疟,保病、禳灾""买卖求财,公能使之宜利和合。但有公平之事,可以对神祷,无不如意"[1]。这也是赵公明被民间尊为财神的缘由。

三、五路财神

在《封神演义》中,五路财神指的是赵公元帅、招宝天尊萧升、纳珍天尊曹宝、招财使者陈九公和利市仙官姚少司,俗称赵公元帅、招宝、纳珍、招财和利市五神。

四、利市仙官

利市仙官是中国民间信仰中流传的一位小财神,是赵公明的徒弟,名姚少司,在《封神演义》中被封为迎祥纳珍的利市仙官,是五路财神之一。"利市",在俗语中是走运、吉利之意,又指买卖所得利润,因此在财神庙众神之中,利市仙官出场较多。每到新年,商人必将利市仙官贴在门上,以图吉利、发财。

蔚县现存财神庙中,既有供奉文财神者,也有供奉武财神的,还有供奉五路财神的。另外,在蔚县观音殿、关帝庙等供奉的神祇中皆有财神。这其中除了文财神与武财神尚可以分辨外,具体到某一位财神则很难区别。

---

[1] 佚名编撰,王孺童点校:《三教源流搜神大全》,中华书局,2019年,第120页。

第三节　财神庙壁画构图

蔚县现存财神庙壁画变化多样,没有主流粉本。

一、正壁壁画

财神庙正壁壁画主要可分为两种类型,一种为《财神坐堂议事图》,一种为山水条屏画。

(一)《财神坐堂议事图》

在《财神坐堂议事图》中,财神是典型的文官形象,头戴宰相纱帽,五绺长须,手捧如意,身着蟒袍,足蹬元宝。两侧贴身为侍童,或为和合二仙,再外侧各有 1～2 位文官,部分壁画中最外侧还有云童与侍童。

暖泉镇砂子坡老君观财神殿　即前院西配殿,坐西面东,面阔三间,单坡硬山顶,三架梁出前檐廊,殿内正壁及南北山墙尚存清中晚期壁画。

正壁绘《财神坐堂议事图》。明间绘 3 尊主像,呈三角形分布,每一神像身后配置 4 位侍从(图 35.1)。位居中央者,头戴硬翅幞头,项戴方心曲领,双手持笏,端坐。其正前方摆放聚宝盆,盆内盛宝珠和珊瑚,熠熠生辉。身后左右各两名侍童,左侧两位勾肩搭背,满脸含笑;右侧一人拱手侧立,手捧如意,一人手捧大铜钱,上书"乾隆通宝"。

居左者(北侧),侧身面右而坐,面容清秀,身披青袍,左手藏于袍内,右手捻裙带置于胸前。其身后有侍从 4 人,前 2 人头戴乌纱帽,身着绿、红官服,都手捧书卷,第一人所捧书卷上题有"招财进宝□□";后两人为胡人,一人手捧花瓶,瓶中插有珊瑚,另一胡人手托玉盘,盘中有熠熠发光的宝珠。

居右者(南侧),侧身面左而坐,身披绿袍,圆目硕鼻多髯,左手置于左腿上,右手托元宝于胸前。其身后亦有侍从 4 人,前 2 人着明代朝服;后 2 人亦为胡人,一人双手持象牙,一人手托盘,盘中有物,但已无法识别。

蔚州镇李堡子财神殿　位于六神庙内正殿西次间。壁画保存较好,虽然修缮时可能重绘过,但也是在原画基础上描绘,清末民初的味道尚存。

正壁绘《财神坐堂议事图》,画正中为文财神,财神头戴宰相纱帽,五绺长须,手捧如意,身着蟒袍,足蹬元宝。两侧贴身为侍童,再外侧各有一位文官,最外侧东边是手持宝瓶的云童,西边是右手抱一只青蛙的侍童(图 35.2)。

图 35.1　暖泉镇砂子坡老君观财神殿正壁

图 35.2　蔚州镇李堡子财神殿正壁

涌泉庄乡辛庄财神庙　位于堡内东西街西端。正殿坐西面东,面阔单间,硬山顶,出前廊。殿内壁画整体保存较好,表面曾涂有白灰浆,如今已被当地村民清洗,从风格上来看,为清中期作品。

正壁绘有《财神坐堂议事图》,正中为武财神,脸部墨绿色,怒目圆睁,头戴官帽,两缕八字胡,右手捧金元宝,左手持一宝物,身着绿色蟒袍,足蹬元宝,推测是武财神赵公明。南侧2位随从为胡人形象,手持宝物,最外侧1位随从手持账簿;北侧1位随从手持卷书,另1位手持"招财进宝"银圆,最外侧1位随从因部分损毁,无法看清手中之物(图35.3)。

图35.3　涌泉庄乡辛庄财神庙正壁

南留庄镇水东堡财神庙　位于堡南门外东侧的庙院内,坐东面西,面阔三间,硬山顶,进深六架梁出前檐廊。殿内被隔为三间,从南至北分别为马神庙、关帝庙与财神庙。

财神庙位于正殿北次间,殿内新塑手捧金元宝的财神像,内墙壁画仍为旧画。壁画表面曾涂刷白灰浆,近年寺庙修缮时,村民将白灰浆洗去,露出原先的壁画。正壁绘有财神与众神,两侧山墙分别绘有《招财图》与《进宝图》。从颜色上看,其应该是清中期的作品。

正壁绘有《财神坐堂议事图》,构图与蔚州镇李堡子财神殿正壁相近。不同的是在图的两外侧,南侧立有一手持账簿的账房先生,北侧一位手中持有一个圆盘,其代表的寓意需要进一步考证(图35.4)。

图 35.4　南留庄镇水东堡财神庙正壁

（二）山水条屏画

此类粉本较为罕见，目前仅见于北水泉镇铺路村水月寺财神庙。此外，南留庄镇孟家堡圣灵寺财神庙三尊塑像背后的正壁亦新绘有条屏画。

北水泉镇铺路村水月寺财神庙　正壁绘 6 幅条屏画，每一幅屏风的上、中、下绦环板底色均施蓝彩，上绘万字花纹，格心部分彩绘山水画，裙板部分未绘画、题字（图 35.5）。根据蔚县其他寺庙的布局，旧时条幅之前应塑有财神塑像。

二、山墙壁画

财神庙山墙壁画主要可分为两种类型，一为《招财进宝图》，一为《百工图》，其中以《招财进宝图》为主流。

（一）《招财进宝图》

此类壁画场景多描述为云端招财，胡人进宝。

《招财图》的基本构图是壁画内侧有一座宫殿，宫殿内或前有理财官，在为进宝做准备。

图 35.5　北水泉镇铺路村水月寺财神庙正壁

殿顶云端之上,财神携云童眺望人间,正在施法招财。画面的外侧有群山,山脚下有胡人挑着担子,山坡上有推车的正在下山途,担子内、车子内皆是财宝。

《进宝图》的基本构图是壁画内侧是一座高大的宫殿,宫殿前财神与文官恭迎进宝队伍,理财的文官手中拿着财簿记账。宫殿顶上云端仍是云童眺望人间。画面的外侧,一车车财宝从山坡不断而下,前面背负财宝的人已到来了财神面前,后面的紧紧跟随。

遗留此类壁画财神庙有蔚州镇李堡子财神殿(图 35.6、7)、杨庄窠乡下平油财神庙、南留庄镇水东堡财神庙 3 处,其构图与表现形式基本类似,下文择要重点说明。

杨庄窠乡下平油财神庙　在西侧画面上残存一个"东路"榜题,其内容应是五路财神招财与进宝(图 35.8、9)。

南留庄镇水东堡财神庙　南壁《招财图》中,画面内侧有一座大门,门前有两位官人在对话,随后有戴斗笠、骑瑞兽的胡人及 2 位手持宝物之人。北壁《进宝图》,画中内侧是一座金库,自金库飘出一股祥云直达云霄,云端盘有一条龙,龙嘴向外喷出财宝,云下可见两位戴官帽的人(图 35.10、11)。

北水泉镇铺路村水月寺财神庙　坐北面南,面阔单间,硬山顶。殿内壁画保存较好。东壁绘《招财图》,西壁绘《进宝图》。画中一位胡人手持"光绪通宝"铜钱,说明壁画绘制于光绪年间。

东壁《招财图》(图 35.12)中,在前面引道的是两位胡人,手中捧着放满银锭的盘子;紧

图 35.6　蔚州镇李堡子财神殿东壁

图 35.7 蔚州镇李堡子财神殿西壁

图 35.8　杨庄窠乡下平油财神庙东壁

图 35.9　杨庄窠乡下平油财神庙西壁局部

图 35.10 南留庄镇水东堡财神庙南壁局部

图 35.11 南留庄镇水东堡财神庙北壁局部

图 35.12 　北水泉镇铺路村水月寺财神庙东壁局部

随其后的是骑马的三位财神,随在财神后的是手持"光绪通宝"的胡人,最后是利市仙官,但利市仙官令牌中的题字已毁。在三位财神中,位于最后的财神,其形象上是黑面浓须,怒目圆睁,右手持元宝,推测是武财神赵公明。

西壁《进宝图》中,两位捧着放满银锭的胡人在左前方,后下方跟随着剩余的三位财神,后面跟随的是手持"光绪通宝"的胡人与利市仙官(图 35.13)。

蔚州城财神庙　是河北省现存最大的一座财神庙,位于蔚州城内西北部,现为河北省重点文物保护单位。正殿面阔三间,硬山顶,进深三间,七架梁,前后出檐廊。殿内供奉文财神比干(中)、赵公明(东)与范蠡。山墙已抹白灰浆,但从露出的局部壁画看,所绘为招财进宝的内容。东壁为《招财图》,背景为群山,可见三位人物,头戴缨帽,其中一人骑瑞兽(图 35.14)。西壁为《进宝图》,主景为宫殿,画中二位伙子正在忙碌中。

(二)《百工图》

《百工图》是以一幅幅连环画的形式,表现民间各色作坊的情景,如夏源关帝庙内的财神殿、涌泉庄辛庄财神庙、代王城镇张中堡关帝庙财神殿的百工图,以及暖泉镇砂子坡老君观分别绘于财神殿与祖师殿的百工图。另外,南留庄镇孟家堡圣灵寺中新建的财神庙内也新绘了《百工图》。

图 35.13　北水泉镇铺路村水月寺财神庙西壁局部

图 35.14　蔚州城财神庙正殿东壁

清乾隆年间,皇帝颁旨命宫廷画师绘制长卷《百工图》。蔚县壁画中的百工图虽然出自民间画工之手,却真实地反映了清代各种行业的从业状况,堪称是记录当时社会的百科全书,被人们称为清代的《清明上河图》。尽管有些行当现今不复存在,但从壁画《百工图》中能直观了解清代各行业的真实状况,具有珍贵的艺术价值和史料价值。

西合营镇夏源关帝庙东西配殿 夏源关帝庙位于西辛堡东南角。庙院坐北面南,原正殿是关帝庙主殿,供奉有关帝;东、西配殿为财神殿。东、西配殿各为硬山单坡顶,面阔三间,内壁各保存一堂完整壁画,正壁皆为《财神坐堂议事图》,东殿正壁为武财神,西殿正壁为文财神,两侧山墙皆绘4排4列《百工图》连环画。

东配殿正壁明间绘武财神,坐于大堂之中,身着长袍,右手托钢鞭;两侧各有两位随从,皆双手捧财物;南次间坐一文官,身着盘龙红袍;北次间坐一黑脸文官,身着盘龙绿袍,右手持元宝,左手托一财物。

西配殿正壁明间绘文财神,坐于大堂之中,身着紫色长袍,右手托如意;两侧各有两位随从,南侧两位手持财物,北侧两位手持招财标幅,一为"招财万两",一为"祈求迎仓";南次间坐一文官,身着盘龙绿袍,左手持财物;北次间坐一文官,身着盘龙红袍,左手托一财物。

两侧山墙皆绘4排4列连环画,共有4组,每组16幅。东配殿两组下侧已残损,南墙剩12幅完整,北墙只剩下8幅完整。西配殿两组保存完整。壁画均有榜题,内容为《百工图》,壁画技法虽平平,年代也较近,但对研究清代市井民俗生活有很高的史料价值(图35.15)。

东配殿南壁

美酒缸行	仁质义当	耕绿野	读书林
熟铁楼	精选木料	毛单铺	裱糊局
兑换金银	青菜摊	估衣局	毡帽铺
(画毁)	(画毁)	(画毁)	(画毁)

东配殿北壁

漂布店	书籍斋	生药店	首饰楼
改换缨帽	弓箭铺	修造渡船	起青皮局
杂货俱全	磨剪亮镜	尚裁皮鼓	成皮衣局
(画毁)	(画毁)	(画毁)	(画毁)

西配殿北壁

味压江南	铸铁铺	掌卖麸罗	烟火炮铺
泥工行	净灰炉	柳器店	游巷贸易
磁器摊	成衣局	切□铺	高唱古词
崇理音乐	银钱行	分金楼	哑医堂

西配殿南壁

砖瓦窑	黄纸坊	修造轮舆	锡工行
漏粉局	剃头房	水中生色	描画丹青
脂肉俱全	细批流年	饧糖房	饼面铺
儿童耍货	豆腐局	粟粮店	修造风匣

图 35.15　西合营镇夏源西堡关帝庙东配殿南壁

关帝庙内现留存 2 通石碑。一通在院内竖立,碑首无存,仅存碑身,石碑为《创建碑记》[1],碑文中记述关帝庙建于"清康熙五十三年"。另一通石碑镶嵌在前殿后墙上作为建材使用,碑首、碑身尚存,为同治癸酉年(即同治十二年,1873 年)的《重修庙楼殿楹碑记》[2]。

涌泉庄乡辛庄财神庙　　正殿两侧山墙绘《百工图》壁画(图 35.16、17),修缮之前各为 3 排 9 列 27 幅图,共有 54 幅,上部 2 排完整,底部一排画面有一半已被新贴的方砖损毁。维修后对原画进行补绘,将方砖去除,在下部又增加 1 排,变成 4 排 9 列。由于无法判断新添内容是原画,还是画匠按自己的想法补充的,故暂不将补充的内容作为研究对象。

南壁

煤行	盐□□	高炮铺	丹青匠	锤金铺	茶庄	绸缎局	书笔铺	响器铺
□□□	豆付铺	油画匠	□灯铺	染房	税司厅	凉帽铺	架妆铺	铜匠铺
(被遮挡)	(被遮挡)	□□匠	醋酱房	胶皮房	换线铺	瓷器居	铁匠楼	锡匠铺
哑医堂	砂锅作坊	卦铺	戏法行	打席铺	剃头房	杂货担	养蚕行	(被遮挡)

北壁

士	杂货铺	面铺	估衣铺	铁器铺	镀金楼	裁缝铺	春帽铺	竹帘铺
农	钱行	货行	木匠铺	砖瓦匠	饼面铺	生药店	靴鞋铺	白纸房
锭盘碗	当行	缸行	石匠铺	泥匠行	酒饭铺	牙行	鞍□铺	麻绳匠
粮店	改换缨帽	磨剪亮镜	青菜店	漂布店	毡帽铺	行医堂	弓箭铺	杂货铺

图 35.16　涌泉庄乡辛庄财神庙北壁局部

---

[1]　戴建兵:《府县乡里百工——蔚县夏源关帝庙壁画》,天津古籍出版社,2013 年,第 22 页。
[2]　戴建兵:《府县乡里百工——蔚县夏源关帝庙壁画》,天津古籍出版社,2013 年,第 26 页。

图 35.17　涌泉庄乡辛庄财神庙南壁局部

代王城镇代王城东堡财神庙　位于东堡南门外,坐东面西,正对代王城三面戏楼。寺庙现为一进院落,是蔚县现存仅次于蔚州城财神庙的第二大财神庙,1993 年公布为蔚县重点文物保护单位。

正殿坐落在高 0.8 米的砖石台明上,单檐硬山顶,面阔三间,进深六架梁出前檐廊。殿内供奉三尊新塑塑像。壁画破坏严重,表面涂刷白灰浆,仅存上部画面,为清代中晚期的作品。两侧山墙绘《百工图》,连环画式,3 排 9 列。东壁白灰浆较厚,旧画露出少;西壁第 1 排露出,可看清画面,每一幅皆有榜题,但已无法释读(图 35.18)。

暖泉镇砂子坡老君观财神殿、祖师殿　前院西配殿为财神殿,东配殿为祖师殿,两殿各面阔三间,单坡顶,殿内尚存清代中晚期壁画。正壁分别绘有财神与祖师,以及随从与侍童。山墙均为连环画式壁画,每壁 3 排 4 列,各有 12 幅,两殿合起来共计 48 幅,未见榜题。每幅表现一个行业的场景(图 35.19)。

图 35.18　代王城镇代王城东堡财神庙西壁局部

图 35.19　暖泉镇砂子坡老君观财神殿北壁·百工图

第四节　财神庙壁画构图特点及与周边地区比较初探

一、蔚县财神庙《招财进宝图》中多为胡人进宝

蔚县财神庙现存《招财进宝图》中,胡人进宝所占比例较大,胡人识宝的故事在唐代广泛流传,至明清不衰。胡人献宝表现的是胡人手持珊瑚、宝瓶、宝珠等形象。胡人向中原王朝称臣纳贡时,自然要献上各种异方宝物,在中原人的思维中,外族虽居于荒鄙之深山大海,那里却出产奇珍异宝,故胡人往往与识宝、寻宝、献宝联系在一起,胡人献宝在某种意义上满足了中原王朝唯我独尊的意识。蔚县《招财进宝图》中出现的胡人进宝,也是胡人从官方的纳贡献宝走向民间世俗化的表现。

二、蔚县财神庙的《招财进宝图》更具民俗化

目前国内遗留的财神庙壁画较少。据掌握的资料,同属于张家口市的怀来县鸡鸣驿财神庙壁画与蔚县财神庙壁画相近,且保存较好。鸡鸣驿财神庙仅存西壁壁画,表现的是招财进宝的场面,画面主要由3组人物组成,左半部分上面一组是送财的财神等众,下面是外国进贡的一行人,右半部是理财的人众。

由于鸡鸣驿在明清时期为官方驿站,其地位要远高于蔚县各村堡,因此带有官方背景的鸡鸣驿财神庙,其壁画更加精细,画面色彩以红、绿、蓝、黄色为主,勾勒、渲染、平涂、沥粉贴金等各种画法的综合运用,使整个画面富丽华贵、金碧辉煌,属典型的工笔彩画(图35.20)。

反之,在蔚县遗留壁画的8座财神庙,除蔚州城财神庙地位较高、代王城镇代王城东堡财神庙独立成庙院外,其他几座财神庙,或是独立的单间小殿,或是庙殿群中的一座小殿,或是庙中的配殿,因此蔚县的财神庙壁画更具民间风格或画法,构图简单,人物较少,画工技法较粗放。

图 35.20　怀来县鸡鸣驿财神庙东壁局部·理财场景

第三十六章　泰山庙壁画调查与研究

在我国北方地区,民众对碧霞元君或娘娘的信仰极盛,普遍建泰山庙或三霄娘娘庙进行祭拜,信众们大多是妇女,而她们最主要的心愿是求子、赐福、免灾等。各地最流行、最盛大的庙会,也多是每年四月的娘娘庙会。

第一节　泰山庙基本情况

据田野调查,蔚县境内的村民口中俗称的娘娘庙或奶奶庙,有多种可能。一是供奉碧霞元君——以广为流行宣扬叙述泰山娘娘灵迹的《泰山娘娘宝卷》为经典;还有一类娘娘庙供奉的是三霄娘娘,即云霄、琼霄、碧霄。另外,还有其他的庙殿供奉如眼光娘娘、送子娘娘等。由于村民皆称为娘娘庙或奶奶庙,我们已无法确认供奉的是碧霞元君还是三霄娘娘,或是其他的娘娘,本文中一律称为泰山庙。

泰山庙虽是大庙,娘娘庙会也是乡村里重要的庙会,但从田野调查来看,蔚县并不是每一座村庄都建有娘娘庙,泰山庙多为周边多个村庄共同祭祀。依据田野调查结果,蔚县遗留的泰山庙有 41 座。其中,遗留有壁画的 11 座,旧构或旧址重建后重绘壁画的有 7 座,旧构遗留或遗址尚存的有 23 座。

蔚县遗留壁画的娘娘庙中,尚存有纪年的目前只发现 1 座,即白草村乡钟楼村三教寺娘娘庙,殿东槛墙嵌有 1 通雍正二年(1724)的《重修三教寺、观音殿、地藏殿碑记》石碑。此碑刻有 3 个年代的内容,分别为:雍正二年(1724)、乾隆三十一年(1766)与乾隆四十年(1775)。

第二节　泰山庙壁画中神祇的研究

蔚县遗留的泰山庙正壁壁画以《娘娘坐宫议事图》为主。两侧山墙壁画目前发现有

2 类,一类是《出宫巡游图》《送子回宫图》,一类是《圣母修行图》。其中,涉及的主神祇有碧霞元君与三霄娘娘,其他神祇有四值功曹、判官,以及 4 位神将、随从等,还有乡民俗称的搬哥哥、痘姐姐与顺生娘娘。

关于四值功曹、判官在其他庙宇中有所介绍,其功能与泰山庙中的基本相似,本节不再赘述。4 位神将的身份还需要进一步研究,本节亦不展开介绍。其他几位神祇仅作简单说明,以便于读者进一步理解泰山庙壁画的内涵。

一、碧霞元君

碧霞元君即天仙玉女泰山碧霞元君,俗称泰山娘娘、泰山老奶奶、泰山老母等。道教认为,碧霞元君"庇佑众生,灵应九州""统摄岳府神兵,照察人间善恶"。民间信仰的碧霞元君神通广大,能保佑五谷丰登,经商、旅行平安,还能护佑婚姻美满,治病救人,而她最大的功能是助妇女生子,护佑儿童健康。因此,在科技不发达的年代,妇女信仰碧霞元君非常虔诚,而且是出自内心的,在各地建有许多"娘娘庙",并常在左右配祀送子娘娘、催生娘娘、眼光娘娘、天花娘娘等 4 位娘娘。碧霞元君也成为道教中影响最大的女神之一,每年四月八日的庙会也成为各地人气最旺的庙会。

二、三霄娘娘

三霄娘娘是云霄、琼霄、碧霄的合称,又称三霄仙子,中国神话传说中三位女神的集合。传说三位仙女在碣石山上的碧霞宫里修行,她们采天地之灵气,集日月之精华,练成了三件宝贝,一件是金蛟剪,一件是混元金斗,一件是缚龙索。老大云霄娘娘,坐骑为青鸾,持有法宝混元金斗。老二琼霄娘娘,坐骑为鸿鹄鸟,持有法宝金蛟剪。老三碧霄娘娘,坐骑为花翎鸟,持有法宝缚龙索。传说凡是神、仙、人、圣、诸侯、天子等,不论贵贱贫愚与否,降生都要从混元金斗中转动。所以民间供奉三霄娘娘,信众求子生女,都会祭拜三霄娘娘,百姓俗称为送子娘娘或送子奶奶。

三、搬哥哥、痘姐姐与顺生娘娘

搬哥哥、痘姐姐与顺生娘娘(俗称老奶奶)是蔚县民间对 3 位送子神祇的俗称,其称谓来自壁画中 3 个神祇的形象,而且很有亲和感。这 3 位在神祇序列中看似地位不高,但在送子、保产妇、佑子健康成长等方面都有重要的作用(图 36.1)。

搬哥哥 为娘娘送子而搬运婴儿们,其形象或背着一群孩子,或挑着一群婴儿,在《出宫巡游图》众神祇中虽职位不高,但却是关键人物,类似于龙神庙壁画中给龙神降雨供水的推水车小神,没有搬哥哥搬运婴儿,娘娘们也无法送子(图 36.2)。

图36.1　涌泉庄乡涌泉庄泰山庙东壁

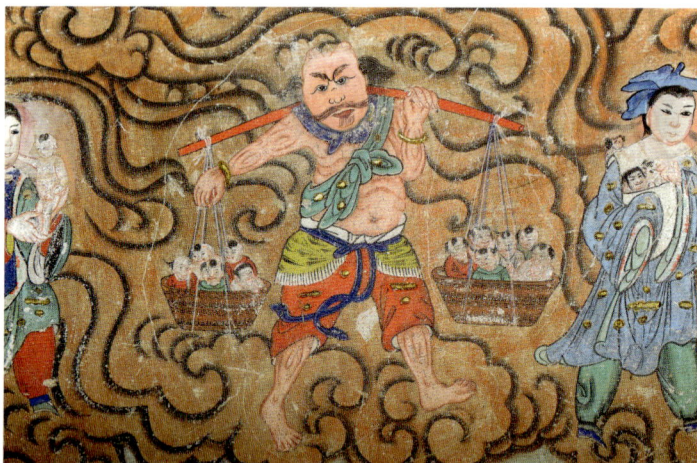

图36.2　涌泉庄乡涌泉庄泰山庙东壁·搬哥哥

痘姐姐　或称出痘娘娘,在壁画中的形象是手中端着一个盘子的妇女,盘子中堆满豆类粮食。痘,即水痘、天花,儿童时极易染病,是传染性强、死亡率最高的传染病之一。故供奉痘姐姐以求平安(图36.3)。

顺生娘娘　俗称老奶奶,顾名思义就是要保佑孕妇生孩子时要顺产,不能出现难产。生孩子时难产在古代往往是致命的,为了确保母子平安,供奉顺生娘娘是必然的需求。其形象一般是怀抱刚出生的婴儿,面含笑容,抱着孩童大步向人间走来,准备将怀中的婴儿送给盼子的家庭。从壁画中看,顺生娘娘有时不止一位,如涌泉庄乡涌泉庄泰山庙壁画中就有 2 位顺生娘娘(图36.4)。

图 36.3　涌泉庄乡涌泉庄泰山庙东壁·痘姐姐

图 36.4　涌泉庄乡涌泉庄泰山庙东壁·顺生娘娘

第三节　泰山庙壁画构图

蔚县遗留的泰山庙中，有壁画者极少，大多只是残留有局部或是山尖绘画。泰山庙壁画包括正壁的《娘娘坐宫议事图》，以及两侧山墙的《出宫巡游图》《送子回宫图》与《圣母修行图》。

一、正壁壁画

泰山庙正壁壁画的核心内容是《娘娘坐宫议事图》，表现的是娘娘坐宫议事，商议何时巡游人间，何时为民除妖，何时送子送福。《娘娘坐宫议事图》中，无论周边簇拥相伴的随从、护法有多少，显现的都是 3 位娘娘，3 位娘娘地位平等，皆双手持玉圭。在蔚县仅发现 1 座娘娘庙正壁所绘不是《娘娘坐宫议事图》，而是绘 4 幅画，即白草村乡钟楼三教寺娘娘庙正壁。

涌泉庄乡涌泉庄泰山庙　正壁壁画绘《娘娘坐宫议事图》，是蔚县同类题材中保存最好的一幅。壁画为清末民初时期作品。画中 3 位娘娘背靠屏风，娘娘脚底下有 4 个嬉闹的孩童。正中娘娘两侧后各有 1 位持扇侍童，此景显示出中间娘娘的地位有所不同。西侧娘娘外侧立有顺生娘娘与痘姐姐，两人交头低声说着悄悄话；东侧娘娘外侧立着两位官人，具体是何神需要进一步论证。整个画面的外侧各立有一位持剑女将，这是比较少见的女护法（图 36.5）。

女官制度作为中原王朝的宫廷制度，在明初就已基本完备。女官们分工明确，掌管礼仪、戒令、宝玺、图籍、财帛、羽仗及衣食供给等诸多宫廷事务。娘娘们宫中议事，当然应是由女官护法[1]。

杨庄窠乡席家嘴泰山庙　正壁东侧上部墙皮脱落，画面损毁三分之一。所绘壁画与涌泉庄乡涌泉庄娘娘庙山墙壁画内容相似。正壁绘《娘娘坐宫议事图》，中间的娘娘只残存有一半，西侧娘娘基本完整，娘娘两侧伴有随从。西侧娘娘的外侧立有背着婴儿的搬哥哥（图 36.6）。

杨庄窠乡北庄头泰山庙　正殿为三神共享一殿式。正殿面阔三间，硬山顶，五架梁，中间设隔墙，南北各二椽。面南隔为二间，东间为三官庙，西间为泰山庙；面北坐二破三，为倒座观音殿。

---

[1]　李凇：《山西寺观壁画新证》，北京大学出版社，2011 年，第 362 页。

图 36.5　涌泉庄乡涌泉庄泰山庙正壁

图 36.6　杨庄寨乡席家嘴泰山庙

泰山庙位于庙群建筑南侧的西间，殿内西壁曾抹过厚厚的一层泥浆，壁画全毁。正壁与东壁壁画幸存，但颜料已呈黑色。从色彩推断，壁画绘于清中晚期。正壁壁画绘有《娘娘坐宫议事图》，娘娘的外袍上各绘有两只沥粉贴金的凤凰，周边是侍从。东侧娘娘边上立有判官。壁画下部绘有修行打坐的居士。

除上述外，下宫村乡孟家庄泰山庙（图 36.7）、南留庄镇涧㟃堡泰山庙（图 36.8）等正壁皆受损严重。

白草村乡钟楼三教寺娘娘庙 正壁壁画与众不同。正壁绘有 4 幅画，2 幅山水与人物相间，2 幅人物画各有 5 位忙碌的妇女在做家务，忙着准备各类食物，部分食物已装入盘中，好似准备上席（图 36.9）。妇女做家务的场景，在蔚县其他娘娘庙壁画中出现在两侧山墙，而此处绘于正壁，令人感到十分费解，不知道殿中是否还曾有娘娘塑像。

图 36.7　下宫村乡孟家庄泰山庙正壁西次间

图 36.8　南留庄镇涧塄堡泰山庙正壁

图 36.9　白草村乡钟楼三教寺娘娘庙正壁

二、山墙壁画

两侧山墙壁画依所绘内容,主要有《出宫巡游图》《送子回宫图》与《圣母修行图》。壁画为《圣母修行图》者显然供奉的是碧霞元君,蔚县现存仅 2 座;其他绘有《出宫巡游图》《送子回宫图》者,供奉的是哪一类娘娘,还需要进一步研判。但从娘娘出宫的情景来看,笔者认为如果 3 位娘娘皆乘銮驾,说明娘娘平等,此庙供奉应是三霄娘娘;但如 3 位娘娘中,只有 1 位乘銮驾,其他 2 位骑马,则供奉的应是碧霞元君。

（一）《出宫巡游图》/《送子回宫图》

《出宫巡游图》与《送子回宫图》,在泰山庙中分别在两侧山墙呈现。从表现的内容来看,这已不仅仅是送子的内容,还承载着娘娘巡游、惩恶除妖的内容。在蔚县现存泰山庙山墙壁画中,保存最好的当属白草村乡钟楼三教寺娘娘庙。

白草村乡钟楼三教寺娘娘庙 三教寺位于钟楼村堡内中心位置,庙院坐西面东,保存较为完整,现存正殿及南北耳房、南北配殿。正殿为泰山庙,北配殿为地藏殿,南配殿为老君观/观音殿。

泰山庙即娘娘庙,坐西面东,单檐硬山顶,面阔三间,进深六架梁出前檐廊,正殿内壁画尚存,为清中期作品,保存较好,色彩鲜艳,绘制精美,极具世俗风韵。南、北墙两侧山墙壁画整体表现娘娘们出宫巡游/送子回宫的壮观场面。北壁为《出宫巡游图》,3 位娘娘坐在轿中,中间的轿子由巨鸟牵拉,前后 2 座轿子由巨兽牵拉,周围伴随轿夫、仪仗队、骑马随从等众多人物,场面宏大(图 36.10)。南壁为《送子回宫图》,整体构图与北壁相同,但随行的位置有所变化。

涌泉庄乡涌泉庄泰山庙 山墙壁画也是同类题材中保存较好者,从风格来看,应为清末民初时期作品。

东壁为 3 位娘娘《出宫巡游图》,图中三位娘娘乘銮驾从宫中而出,后面的宫殿台阶上站着一位娘娘与侍女,目送娘娘出宫送子(图 36.11)。娘娘所乘三辆銮驾的拉驾动物各不相同,前面的是瑞兽,中间的是金凤,后面的也是瑞兽。随从中,前有武士开道,武士手持钢鞭,脚踩风火轮;紧跟其后的是怀抱小孩的神祇、判官、月值和年值功曹;娘娘銮驾的下面是 2 位武将及痘姐姐、搬哥哥、顺生娘娘等随从;娘娘銮驾的后上方是日值和时值功曹。

西壁为《送子回宫图》,图中 3 位娘娘乘銮驾回宫,各随从仍是相伴而行(图 36.12),其中一前一后的两位武将手中各拎着一颗人头,从人头来看武将们定是经过了一番搏斗。在图的下部,武将以及痘姐姐、搬哥哥、顺生娘娘等列队交替而行,其中痘姐姐、顺生娘娘已骑在了马背上。队伍的后面是骑黑虎持钢鞭的赵公明。画的前面是宫殿,宫殿前站有娘娘,以及怀抱一婴儿的侍女。

图 36.10　白草村乡钟楼三教寺娘娘庙北壁

图 36.11　涌泉庄乡涌泉庄泰山庙东壁局部

图 36.12　涌泉庄乡涌泉庄泰山庙西壁局部

　　杨庄窠乡席家嘴泰山庙　两侧山墙壁画的出宫与回宫场景与涌泉庄乡涌泉庄泰山庙两侧山墙壁画中的内容相似,但娘娘所乘銮驾有所变化,席家嘴壁画中三位娘娘皆为巨鸟拉銮驾。在神祇方面也有所变化,席家嘴泰山庙壁画中未见手持钢鞭的赵公明引领或殿后(图 36.13、14)。

图 36.13　杨庄窠乡席家嘴泰山庙东壁局部

图 36.14　杨庄窠乡席家嘴泰山庙西壁局部

南岭庄乡北岭庄泰山庙　山墙尚存清末民国时期的壁画,如今仅存西墙壁画,所绘为《送子回宫图》,从残画中可以看到 3 位娘娘乘鸾车,前呼后拥的有四值功曹、武将与众随从,队伍的后面是判官(图 36.15)。

图 36.15　南岭庄乡北岭庄泰山庙西壁

南留庄镇南留庄泰山庙　始建于明嘉靖三十二年(1553),正殿壁画损毁严重,画面漫漶。从残存的壁画看,东壁绘有《娘娘出宫巡游图》,西壁绘有《送子回宫图》。虽然壁画损毁,但这堂壁画中娘娘巡游送子的场景是蔚县同类题材中最为壮观的,人物形象也最为丰富(图36.16、17)。

　　陈家洼乡陈家洼泰山庙　面阔单间,六架梁出前檐廊,殿内正壁壁画已毁,山墙壁画尚存。画中神像脸部较明亮,蓝色的外衣更为鲜亮,其余色彩多氧化成黑色,从色彩来看,为清末民国时期的作品。东壁绘有《出宫巡游图》,3位娘娘乘轿,众神列队而伴,有四值功曹、武将、随从等;西壁绘有《送子回宫图》,3位娘娘乘轿,众神随从(图36.18)。

　　杨庄窠乡北庄头泰山庙　殿内西壁壁画全毁。正壁与东壁壁画幸存,但色彩已氧化呈黑色。从色彩推断,壁画绘于清中晚期。东壁绘有《娘娘出宫巡游图》,中间的乘鸾车,前后娘娘各骑马,周边有武将、随从,第三位娘娘下方为搬哥哥、痘姐姐、顺生娘娘等。壁画中的3位娘娘地位明显不同,乘鸾驾者的地位显然高于其他两位骑马者,因此我们判断此堂壁画供奉的是碧霞元君(图36.19)。

　　(二)《圣母修行图》

　　《圣母修行图》通常以连环画形式呈现。内容描述的是西天菩萨出身的碧霞元君,奉古佛之命下诞为“降国的公主”,历经重重磨难独去泰山修炼得道,被古佛加封为泰山圣母的故事。蔚县遗留的《圣母修行图》均位于黄梅乡,即黄梅乡黄梅泰山庙与黄梅乡黑坞泰山庙,可以看出其与地域分布有关,说明黄梅乡一带的泰山庙内更多的是供奉碧霞元君。

　　黄梅乡黄梅泰山庙　又称奶奶庙。位于堡北墙内一座高台之上,现为一座庙院,山门和院墙无存,高大的台阶直通台顶。院内尚存前殿、正殿,分布在一条南北向中轴线上,两殿之间西有配殿1座。

　　正殿面阔三间,硬山顶,殿内尚存清末民国时期的壁画(图36.20)。壁画表面涂刷白灰浆,受损严重。从白灰下残存的壁画分析,此堂壁画应是连环画式。

　　黄梅乡黑坞泰山庙　位于城堡西门外,庙院坐北面南,现存一进院落,整体坐落在高1米的庙台之上。院中正北有2座大殿,东西并列,西殿相对高大、宽阔,东殿稍低矮。东殿为泰山庙正殿,面阔三间,殿内壁表面涂刷白灰浆,壁画漫漶。从东壁残存的壁画分析,其为连环画式,每幅写有榜题,其中东壁第一排可见数幅榜题,第1列为“□□投胎”,第3列为“□□庆喜”,第5列为“文武送□”(图36.21)。

　　在张家口地区,泰山庙山墙绘连环画式壁画以鸡鸣驿的泰山行宫为代表,两壁共有48幅壁画,每一幅均为独立成章的故事,描述的是泰山圣母修行的故事。目前,还不清楚黄梅乡这2座泰山庙的连环画是否也是表现此方面的内容。

图 36.16　南留庄镇南留庄泰山庙壁画局部·娘娘銮轿

图 36.17　南留庄镇南留庄泰山庙壁画局部·随从

图 36.18　陈家洼乡陈家洼泰山庙西壁

图 36.19　杨庄窠乡北庄头泰山庙东壁

图 36.20　黄梅乡黄梅泰山庙东壁局部

图 36.21　黄梅乡黑埚泰山庙东壁局部

第四节　泰山庙壁画构图特点及与周边地区比较初探

一、泰山庙壁画分布具有一定的地域特点

通过泰山庙中遗留的壁画能够对蔚县境内的泰山庙分布有一个大致的了解，即蔚县的北部地区黄梅乡一带以供奉碧霞元君为主，其他地区以供奉三霄娘娘为主。

二、壁画中的内容兼有其他功能

蔚县泰山庙两侧山墙壁画除有巡游与送子功能外，还兼有惩恶除妖的功能。但其中的"妖"已不是五道庙中的奸夫淫妇或柳树精，而是妇女，这在涌泉庄乡涌泉庄泰山庙壁画中两位武士手中拎着的人头可辨别出来（图 36.22），在新绘的白草村乡西细庄泰山庙壁画（图 36.23）中更是直接表现出来。

图 36.22　涌泉庄乡涌泉庄泰山庙东壁·除妖

图 36.23　白草村乡西细庄泰山庙壁画局部

　　上述功能在国内其他地区的圣母庙中也有体现,如山西汾阳田村圣母庙西壁《巡幸图》中,即有一员神将牵着几个被捉住的妇女随队而行。虽地域不同,庙中供奉的主神不同,但都在送子的情节中出现惩恶除妖的内容,说明百姓对于娘娘神力的期盼与其他神祇是一样的。这或许便是古代人的心目中将不育之罪强加给妇女的心理表现,也是严重的男女不平等之体现。

第三十七章　玉皇阁(庙)、老君观、三清观壁画调查与研究

玉皇、老君与三清是道教神谱中重量级的神祇,但正是因为其地位过高,"接地气"不足,反而在民间供奉较少,即便在一些较大的村庄建庙供奉,但遗留的数量明显不如其他的庙宇。

第一节　玉皇阁(庙)壁画

玉皇,全称"昊天金阙无上至尊自然妙有弥罗至真玉皇上帝",源自远古时代的"天""天帝"崇拜。先秦文献中就有"天""皇天""帝""上帝",或"皇天上帝""昊天上帝"的称呼,是历代国家正统祭祀的最高神(天),被认为是执掌国祚之神。玉皇上帝的塑像或画像,一般是身穿九章法服,头戴十二串珠冠冕旒,手持玉圭,旁侍金童玉女,周匝天相神将,呈现秦汉帝王之像。

虽然蔚县境内其他寺庙香火很旺,覆盖面广,但高高在上的玉皇阁(庙)不是一般的村庄能供奉得起的。依据田野调查结果,蔚县遗留的玉皇阁(庙)有 12 座。其中,遗留有壁画的 6 座,旧构或旧址重建后重绘壁画的有 1 座,旧构遗留或遗址尚存的有 5 座。

蔚县遗留的 6 幅玉皇庙壁画中,正壁以《玉皇坐堂议事图》为主,两侧山墙以绘元帅、天君列队或众神朝拜为主。

一、正壁壁画

玉皇阁(庙)正壁壁画以《玉皇坐堂议事图》为主,分为 3 种类型:一是三开间殿的正壁,明间正中供奉玉皇大帝塑像,两侧次间绘西王母、五岳大帝,如蔚州城玉皇阁;二是三开间殿的正壁,明间供奉玉皇大帝塑像或绘有玉皇大帝的壁画,两侧次间绘分立 2 位天将或侍从,如涌泉庄乡西陈家涧玉皇阁、代王城镇水北二村玉皇阁;三是单开间殿的正壁,绘有玉皇大帝、2 位持扇玉女与 4 位天将,如涌泉庄乡卜北堡玉皇阁、代王城镇大德庄东堡玉皇阁。

蔚州古城玉皇阁 又称靖边楼,位于古城北城垣上,是蔚县现存规模最大的玉皇阁,也是国内保存较好的玉皇阁之一,现为全国重点文物保护单位。玉皇阁始建于明洪武十年,分上中下三层阁楼(面观三层实际两层),殿高 18 米,均面阔三间,进深二间,五架梁,三重檐歇山琉璃瓦顶,一层设一周围廊。

一层殿内明间正中供玉皇大帝,塑像高 4 米多,两侧后各立 1 位侍女。东、西山墙皆保存有壁画,颜色艳丽,场面宏大。北壁画总长 12.8 米,高 2.5 米;东西壁画各长 7.4 米,高 2.5 米。

北壁东次间、西次间各有 3 尊主尊,为"西王母及五岳大帝",主尊后簇拥着众神。东次间为西王母与 2 位大帝,西次间为 3 位大帝。在 3 位主尊两侧,还各立有一位护法(图 37.1、2)。

涌泉庄乡西陈家涧玉皇阁 位于堡北墙马面内侧及顶部,现为一组建筑群,从南至北依次为龙神庙、真武庙、玉皇阁,3 座建筑依次增高。

玉皇阁位于高 9 米的北墙马面上,面阔三间(坐二破三),硬山顶,殿内三面墙壁上尚存清末民国时期的壁画,表面为白灰浆覆盖,破坏严重。正壁明间绘有彩绘二龙戏珠,明间壁画前应供奉有玉皇大帝塑像(图 37.3)。东次间与西次间各立有 2 位天将。

涌泉庄乡卜北堡玉皇阁 位于堡西墙邻近西北角的马面(庙台)上,坐北面南,面阔单间,硬山顶,进深四架梁。殿内壁尚存壁画,虽表面未涂抹白灰浆,但因脊顶漏雨,内壁挂满泥水,壁画受损严重,人物的眼睛也多被挖走。在西壁外侧壁画边缘尚存题记"民国廿伍年五月十八日开光何利画工"。由此玉皇阁壁画绘于 1936 年。

正壁绘《玉皇坐堂议事图》,中间为玉皇大帝,身后两侧各立一位持扇玉女;外侧各立有二位天将(图 37.4)。

代王城镇大德庄东堡玉皇阁 位于堡西北角台顶部。正殿坐北面南,单檐硬山顶,面阔单间。殿内尚存壁画,表面多涂刷白灰浆。正面墙上的白灰较薄,露出了壁画,绘有 5 位神像,正中为玉皇大帝,左右各有二位天将(图 37.5)。

二、山墙壁画

(一)元帅与天君

玉皇阁内两侧山墙壁画绘有元帅、天君列队的有 4 堂,即蔚州城玉皇阁、南杨庄乡南柳河口玉皇阁、涌泉庄乡西陈家涧玉皇阁与涌泉庄乡卜北堡玉皇阁。

蔚州古城玉皇阁 东、西山墙壁画皆为上、下两排,每排 9 位,共 18 位,两壁画共 36 位,表现的是"三十六雷公",由元帅与天君组成。每一位元帅与天君皆有榜题,上排榜题位于头顶之上方,下排榜题位于每位的左大腿部(图 37.6、7)。

南杨庄乡南柳河口玉皇阁 壁画总体风格与蔚州古城玉皇阁相似,也是蔚县玉皇阁壁画保存较为完整的一堂壁画。两侧山墙壁画为清中晚期的作品,每壁 2 排,每排 8 位,

图 37.1 蔚州古城玉皇阁北壁东次间

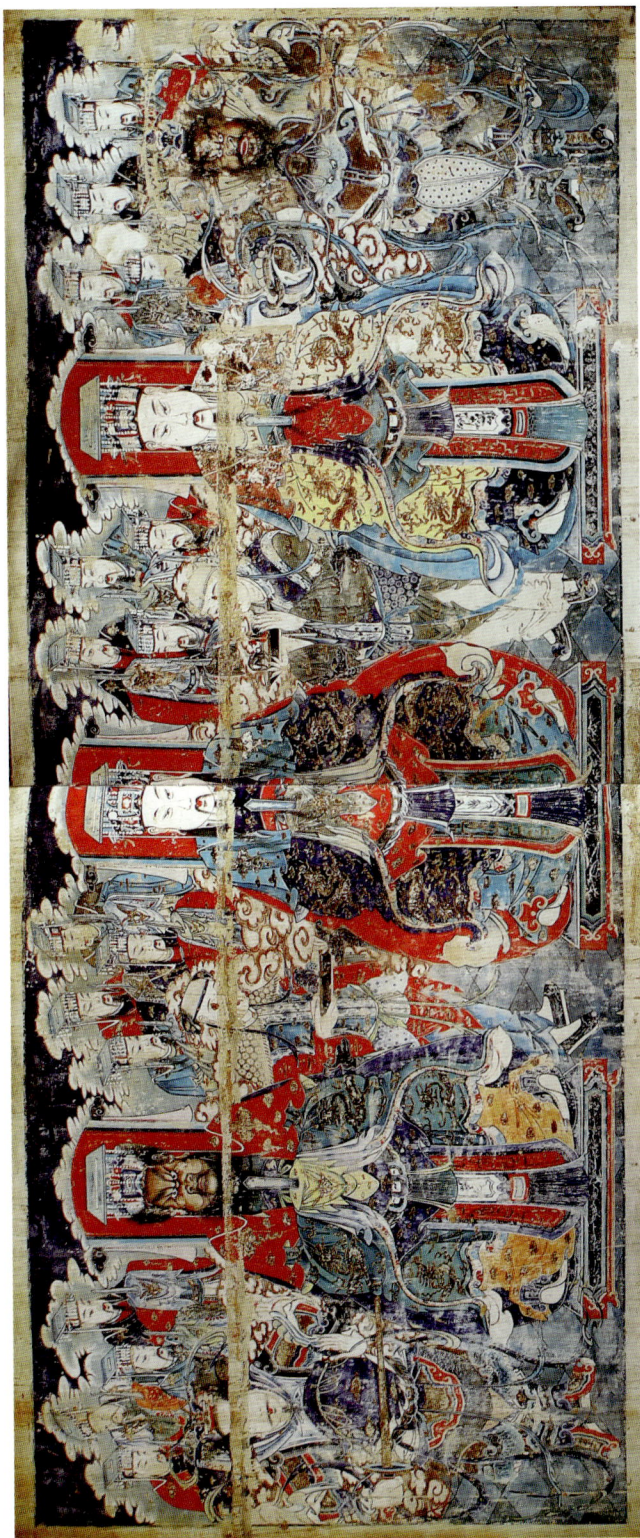

图 37.2　蔚州古城玉皇阁北壁西次间

图 37.3　涌泉庄乡西陈家涧玉皇阁正壁

图 37.4　涌泉庄乡卜北堡玉皇阁正壁

图 37.5　代王城镇大德庄东堡玉皇阁正壁

图 37.6 蔚州古城玉皇阁东壁

图 37.7　蔚州古城玉皇阁西壁

图 37.8　南杨庄乡南柳河口玉皇阁西壁

每壁 16 位，共计 32 位。众神肩上皆有榜题框，但却未题字。为了节约空间，上排神像皆为半身，下排神像皆为全身。上排诸神皆为文官，手持笏板，或单手，或双手，但都没有摆出朝拜的姿势，而是相对随意站立。下排诸神皆为武将，右手持宝剑或钢鞭，身披战袍，绶带飘然，怒目圆睁，威风凛凛。位列众神之后的还各有一位面向众神，头顶项光之神，应是玉皇大帝的侍从（图 37.8）。

从南柳河口玉皇阁 32 位神像的风格来看，与州城玉皇庙两侧山墙的雷部的三十六雷公图相似，但此处少了 4 位雷公，一时无法判定这 32 位神像代表何方神祇。

涌泉庄乡西陈家涧玉皇阁 两侧山墙各绘 9 位元帅、天君，每位元帅旁皆有一行竖字榜题。东墙从北向南分别为灵官马元帅、□元庞元帅、火车谢天君、监生高元帅、忠靖张元帅、地□杨元帅、太□□元帅、靖灵温元帅，最南侧榜题无法辨认（图 37.9）。西墙北侧 2 元帅已毁，其余的从北向南分别为考教党元帅、月孛□朱天君、□□□元帅、□□铁元帅、都督赵元帅、先锋李元帅、洞神刘元帅。

图 37.9　涌泉庄乡西陈家涧玉皇阁东壁

涌泉庄乡卜北堡玉皇阁 两侧山墙各绘有元帅、天君，神像皆面向外侧而立，手中分别持有大刀、钢鞭、宝剑等兵器。此壁画与真武庙中两侧山墙的护法四元帅与护法八天君相似，皆面向外侧，表现的是随玉皇出征的场景（图 37.10）。

（二）《众神朝拜图》

《众神朝拜图》是从《朝元图》等类似题材延伸而来的，《朝元图》描绘的是道府诸神朝

图 37.10　涌泉庄乡卜北堡玉皇阁

谒元始天尊,而《众神朝拜图》指的是众神朝拜玉皇大帝。

　　玉皇阁中所绘《众神朝拜图》,是在两侧山墙以连环画的形式绘有众神,众神皆面向玉皇大帝朝拜,此类题材在蔚县遗留有 2 处,即代王城镇水北二村玉皇阁与代王城镇大德庄东堡玉皇阁。

　　代王城镇水北二村玉皇阁　位于北墙正中。玉皇阁如同蔚州城玉皇阁为歇山顶,檐下施斗拱,说明此阁建造时间较早,可能是明代建筑遗留。两侧山墙尚存清末民国时期的壁画。壁画内容为《众神朝拜图》,各为 3 排 6 列,每一组神祇皆有幡旗榜题,但因脱落严重,榜题内容漫漶。东壁只剩下第 1 排 6 幅与第 2 排 2 幅;西壁 3 排皆残存,第 1 排与第 2 排各可见 5 幅,第 3 排只剩 2 幅(图 37.11)。

　　代王城镇大德庄东堡玉皇阁　两侧山墙壁面白灰较厚,壁画隐约可见,从颜色上看是清中期的作品,内容为《众神朝拜图》。两侧山墙分别为 4 排 4 列,每一组画中只立有一位主神与一位随从,主神皆面向北壁的玉皇大帝(图 37.12)。

三、众神共享

　　蔚县现存以玉皇大帝为主神众神共享一殿的,目前仅发现 1 处,即柏树乡西高庄玉皇庙。

图 37.11　代王城镇水北二村玉皇阁西壁

图 37.12　代王城镇大德庄东堡玉皇阁东壁

柏树乡西高庄玉皇庙　位于堡东门外,堡门外建玉皇庙显然不符合蔚县寺庙的规制,故此庙为众神共享也是有缘由的。玉皇庙整体坐北面南,由院墙、山门与正殿组成。正殿为明初风格建筑,现为河北省重点文物保护单位。

正殿单檐悬山顶,面阔三间,殿内墙壁曾抹有厚厚的一层白灰浆。2018年当地文物部门将白灰浆清理掉,露出壁画。正壁墙面保存较好,东、西壁各有近一半墙皮脱落。正殿内供奉3位神祇,即明间为玉皇大帝,东次间为关帝,西次间为龙神。

正壁明间绘《玉皇坐堂议事图》,正中为玉皇大帝,两侧各有3位大将与众随从(图37.13)。

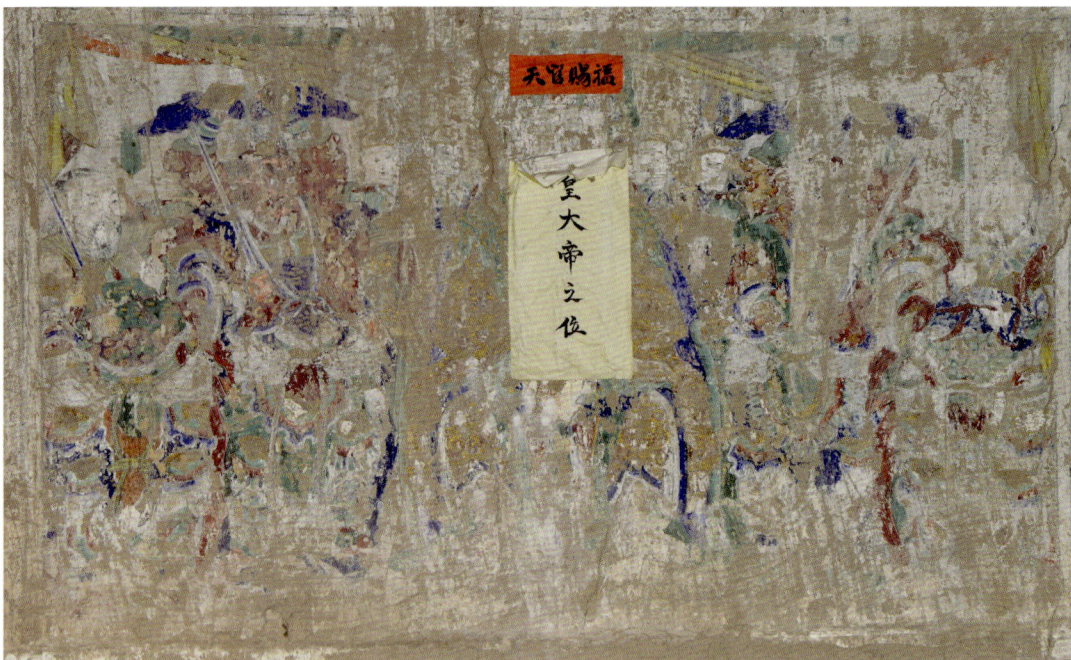

图37.13　柏树乡西高庄玉皇庙正壁明间

第二节　老君观与三清殿

在蔚县称为老君观与三清殿的道观,田野调查时共发现8座。其中,4座称为老君观或老君殿者有3座残存有壁画,即暖泉镇砂子坡老君观、涌泉庄乡独树老君观和白草村乡钟楼三教寺老君殿。有3座称为三清殿,但只有下宫村乡筛子绫罗三清观中槛墙上残存有壁画(正壁与两侧山墙壁画已毁)。有1座乡民称为黄龙观,但内壁壁画已毁。

一、《老子八十一化图》

老子又称道德天尊,是道教初期崇奉的至高神,位列三清之一。化身原为春秋时期的思想家、道家学派重要人物老子。汉顺帝时张陵在巴蜀鹤鸣山创立五斗米道，即奉老子为教主，《老子想尔注》中首次出现太上老君的名号。至魏晋南北朝，太上老君之名益显，太上老君成为早期道教的最高神。

老子八十一化图像，源自《老子化胡经》，是佛教与道教长期争斗的产物。佛教初入中原，汉朝士大夫普遍认为是老子西去度化成佛陀；而刚刚传入中国的佛教，也需要依附在道教上发展，于是老子化胡的说法成为当时的共识。但后来佛教在中原站稳脚后，就开始猛烈抨击《老子化胡经》，因此老子化胡说与《老子化胡经》一直是佛、道之争中的一个症结。至金末元初，由于以丘处机为首的全真道得到成吉思汗的护佑，道教在与佛教的对抗中暂处上风，逐渐形成了以老子八十一化图像的形式，诠释被道教长期引以为豪的"老子西出化胡"的故事。老子化胡说在金末元初得到了新的传播，在短短的数十年时间内，形成了版刻经本、雕塑、壁画、石刻等各类传播载体在民间广泛流传，这也引起了道、佛两教的更加激烈的辩论。因全真教派在得到成吉思汗佑护下势力膨胀，发展过于迅猛，为统治者所警惕。为了削减全真教的势力，平衡佛道之间的关系，宪宗五年（1255）八月，蒙哥汗在和林万安阁召集两教派进行了第一次辩论，此辩论以佛教取胜而告终。随后又进行了两次辩论，第三次辩论也是以佛教方面胜利而告终。宪宗七年（1257），阿里不哥传圣旨，诏令将各种形式的老子八十一化图，如经版、雕塑、壁画、石刻等一律销毁，因而老子八十一化图受到毁灭性打击，一度从世人的视野中消失，转入隐匿状态。

这套图在消失一个多世纪后又在 15 世纪复出，在 16 世纪的明嘉靖年间得到更为广泛的流传，复兴的《老子八十一化图》，既有元代隐匿起来的版本，也出现了新的变化。但能留存到现在的《老子八十一化图》版本并不是很多。在《老子八十一化图研究》[1]一书中，统计出国内遗留的有关《老子八十一化图》的壁画与石刻共有 8 处。如表 37.1：

表 37.1　国内遗留的老子八十一化图的壁画与石刻

位　　置	年　　代	现　　状
甘肃庄浪紫荆山老君庙	元至明	壁画，仅存 22 幅，其中 20 幅为《老子八十一化图》内容
山西浮山老君洞	明嘉靖	石刻
陕西合阳县南王村青石殿	明万历	浮雕，榜题不全
蔚县暖泉镇老君观	乾隆四十五年后至嘉庆初年	老君殿壁画，基本完整
甘肃兰州金天观	嘉庆	东西廊壁画，画面模糊，榜题无法看清
甘肃崆峒山老君楼	光绪	老君楼壁画
山西高平清梦观	民国初年	老君殿壁画，榜题有顺序，但没有名称
陕西佳县白云观	1938 年	三清殿壁画

[1]　胡春涛：《老子八十一化图研究》，巴蜀书社，2012 年。

在蔚县田野调查中,在涌泉庄乡独树村老君观发现一处绘有 18 幅《老子八十一化图》的壁画,这 18 幅《老子八十一化图》与《老子修行图》混在一起,是遗留的《老子八十一化图》中难得的粉本。

因此,蔚县除暖泉镇老君观《老子八十一化图》壁画外,还有涌泉庄乡独树村老君观的 18 幅《老子八十一化图》壁画,是研究《老子八十一化图》难得的样本,在国内《老子八十一化图》研究中占重要的地位,尤其是独树村老君观为何是两种内容混在一起,更需要进一步研究。

暖泉镇砂子坡老君观　位于砂子坡村东部高岗上,东、西、南三面环沟,为暖泉镇区北部制高点之一。建筑群坐北面南,由前、后二进院落组成。据悬于三清殿门口的匾额记载,三清殿始建于金泰和年间,初修于元元真年间,重修于明隆庆年间,复修于清乾隆年间。现为全国重点文物保护单位。

三清殿位于前院,坐北面南,面阔三间,硬山顶,六架梁出前檐廊,殿内壁画尚存。《老子八十一化图》分布于三清殿的东、西两壁,东壁分布着第一至第四十一化,但只有 40 幅图,有一处只有题榜内容而没有对应的图;西壁分布着第四十二至第八十一化,也有 40 幅图。壁画大多保存较好,画面和榜题文字多数能释读(图 37.14、15)。东、西壁底排每幅宽约 44、高约 46 厘米;上三排每幅宽约 44、高约 51 厘米。具体分布情况如下表:

东壁

第四十一化□□□	第四十化□	第三十九化□□	第三十八化游于阗	第三十七化藏日月	第三十六化降外道	第三十五化拨泰山	第三十四化说浮屠	第三十三化摧剑戟	第三十二化跨神龙	第三十一化起青莲
第廿一化过函关		第廿二化试徐甲	第廿三化训尹喜	第廿四化升太微	第廿五化会青羊	第廿六化□□	第廿七化入罽宾	第廿八化化王子	第廿九化□□	第三十化□金光
第廿化弃周爵		第十九化□□	第十八化诞圣日	第十七化授隐文	第十六化为帝师	第十五化住崆峒	第十四化始器用	第十三化教稼穑	第十二化置陶冶	第十一化□□
第一化(榜题毁)		第二化□□□	第三化□□□	第四化□□□	第五化辟天地	第六化隐玄灵	第七化受玉图	第八化变真文	第九化垂经教	第十化传五公

注:第三十化□金光,为第三十化演金光;第三十五化拨泰山,佳县白云观三清殿为:第三十七化拨太山;第三十六化降外道,佳县白云观三清殿为:第三十五化降外道;第三十七化藏日月,佳县白云观三清殿为:第三十六化藏日月。

西壁

第七十二化传丹诀	第七十三化现朝元	第七十四化颂流霞	第七十五化刻三泉	第七十六化云龙岩	第七十七化居玉堂	第七十八化明崖壁	第七十九化珍庞勋	第八十化传古砖	第八十一化起祥光
第七十一化应帝梦	第七十化彰灵宝	第六十九化新兴寺	第六十八化黄天原	第六十七化□□□	第六十六化毗摩铭	第六十五化建安化	第六十四化封寇谦	第六十三化□□□	第六十二化□□□
第五十二化天地数	第五十三化诏沈羲	第五十四化解道德	第五十五化授道像	第五十六化游郎琊	第五十七化校簿书	第五十八化传正一	第五十九化说斗经	第六十化教飞升	第六十一化授三洞
第五十一化训阳子	第五十化教卫生	第四十九化胤四真	第四十八化扬圣德	第四十七化叹犹龙	第四十六化□□□	第四十五化弘释教	第四十四化赐丹方	第四十三化舍正国	第四十二化□□□

从两表可以看出，《老子八十一化图》有一定的排列顺序。东壁始于底排，由北向南，第一排结束后接第二排南边，层层向上，呈"S"形上升。东壁结束后接西壁底排北边第一幅，从北至南，第一排结束后接第二排南边第一幅，呈反"S"形循环上升的趋势。

在三清殿内除东、西山墙壁外，北壁东次间、西次间描绘了十位真君的形象，每个次间绘有5位，每位真君的上方都有榜题书写真君名号。西次间真君图宽约196、高约219厘米；东次间真君图宽约198、高约224厘米。十位真君分别是：

东间次（从东至西）：①长生明德真君，②长真蕴德真君，③丹阳普化真君，④庄子南华真君，⑤广宁太古真君（图37.16）。

西次间（从西至东）：⑥重阳开化真君，⑦正阳传道真君，⑧纯阳警化真君，⑨东华紫府真君，⑩清静顺化真君（图37.17）。

北壁东次间、西次间表现的并不是南北五祖，而是北五祖中的四位、七真中的五位、玄元十子中的一位。这十位真君选自版刻经本中罗列的真人图。康熙六年（1667）本和乾隆四十五年（1780）本《老子八十一化图》以及杭州本和太清宫本中都收录有三十一位真人祖师像，暖泉老君观三清殿的十位真人像保持了和版刻本中图像的相似性。

在三清殿的中央石供台的背屏后绘有赵公明元帅像，红脸黑髯，右手高举钢鞭，像高192厘米。从画面的破损程度和画面边框的花纹装饰大致可以判断，这幅神像图和三清殿其他壁画属于同时期绘制。

关于暖泉镇砂子坡三清殿壁画的粉本与绘制年代，胡春涛在《河北蔚县暖泉老君观三清殿壁画的考察与相关问题的研究》[1]一文中进行了深入的研究。

据文中论述，《老子八十一化图》在河北蔚县境内自从元初以来就有流传，元世祖至元十七年（1280）二月二十五日立石在河北省蔚县虚仙飞泉观的碑刻就是一个例证。元宪宗八年（1258）佛道辩论后，佛教胜出，道教被要求归还侵占的寺庙田产，烧毁包括《化胡经》和《老子八十一化图》在内的"说谎经文"，但实施情况并不好。蔚县虚仙飞泉观的碑刻就是在这一背景之下督促道教方面归还地产、焚毁伪经的一个记录，其中包括将浮屠山的飞

〔1〕 胡春涛：《河北蔚县暖泉老君观三清殿壁画的考察与相关问题的研究》，《艺术探索》2012年第1期。

图 37.14　暖泉镇砂子坡老君观三清殿东壁·第三十一化起青莲

图 37.15　暖泉镇砂子坡老君观三清殿西壁·第四十八化扬圣德

图 37.16　暖泉镇砂子坡老君观三清殿北壁东次间·五位真君

图 37.17　暖泉镇砂子坡老君观三清殿北壁西次间·五位真君

泉观归还给佛教方面的内容，还有 1261 年颁布的圣旨全文。

元初，《老子八十一化图》在河北的保定、真定一带颇有流传，这一点通过元世祖至元十八年（1281）十月二十日皇帝的"圣旨"可获知："随路先生每将合毁底经文并印板，至今藏着却不曾毁了，更保定、真定、太原、平阳、河中府、王祖师庵头、关西等处存道藏经板。"当时《老子八十一化图》的版本集中流传于这一区域。

在河北境内刊刻流传的还有一种版刻经本，即乾隆四十五年（1780）刻本，其底本或就是在元初未能尽毁的《老子八十一化图》。乾隆四十五年（1780）刊本为木刻经折装，卷末牌记有"跋语"，保留有一些信息：乾隆四十五年（1780）刊本由河北献城、沧州、东光三县（今献县、东光隶属沧州市）的信众聚资刊刻；从跋语中"山东徐大宗、刘廷玉施钱一千"一句来看，山东的信徒也参与进来了；刻字匠来自景州（今河北衡水市景县）。从上述信息来看，乾隆四十五年（1780）的刊刻本在河北东南部以及河北与山东接壤的区域内流传。

从元初至清代康、乾时期，在今河北东北至东南地区流传有《老子八十一化图》版刻经本，身处河北境内的暖泉老君观三清殿壁画与之前在这一地域内流传的《老子八十一化图》之间保持着一定的关联性。从粉本的角度来看，暖泉老君观三清殿壁画或出自乾隆四十五年（1780）的刊本。

据此胡春涛认为，暖泉三清殿壁画直接源于乾隆四十五年（1780）的刊本，而这些图像又应该与元初的《老子八十一化图》有着密切的联系，原因是自元初以来这套图在这一地区广泛流传。对暖泉三清殿壁画粉本的追溯可以大致寻绎《老子八十一化图》在河北地区产生、流传、消失、复出的整体脉络。这套图的流传与传播同样也昭示了版刻本与壁画之间紧密的联系。

涌泉庄乡独树老君观　位于旧村东部。老君观正殿坐北面南，面阔三间，殿内残存有壁画，壁画表面涂刷白灰浆，并为屋顶漏下的泥水覆盖。西壁壁画较为完整，东壁南侧残损。从颜色上看，壁画应是清中后期的作品。

东壁与西壁壁画为连环画式，4 排 10 列，绘画内容较乱，主体内容体现的是修行故事，类似于真武修行图，却又有成佛证果，又有诸教主真君天君，西壁还穿插有老子八十一化的内容（图 37.18）。

东壁

（画毁）	（画毁）	（画毁）	（画毁）	（画毁）	（画毁）	辞家慕道	请主还朝	东门遇生	□□遇老
（画毁）	（画毁）	（画毁）	（画毁）	（画毁）	昭公赐□	为□□吏	礼诱仲田	芦草穿膝	（榜题毁）
（画毁）	（画毁）	（画毁）	（画毁）	（画毁）	（画毁）	（画毁）	□□□□□真君	大法天师	□□□□
（画毁）	（画毁）	（画毁）	（画毁）	（画毁）	（画毁）	（画毁）	混元教主|路真君/葛真君	洞□教主马元君	□□教主祖天君

西壁

南门遇病	西门遇□	老僧点化	夜半出城	箭射九鼓	三人举象	十二重楼	巢喜冠顶	诸魔显化	成佛证果
古佛赐钵	古佛传经	第十八化诞圣日	第十七化授隐文	（榜题毁）	第十五化住崆峒	第十四化始器用	第十三化教稼穑	（榜题糊）	第十一化（榜题糊）
第八化变真文	第七化受玉图	第六化隐玄灵	（被遮挡）	第四化历劫运	（残像）	（残像）	（被遮挡）	（被遮挡）	（被遮挡）
喜献宝像	三天命诏	悟竿成针	（被遮挡）	（灰浆遮）	（被遮挡）	（被遮挡）	（被遮挡）	（被遮挡）	（被遮挡）

注：从壁画中残像可判断：3—6 为第三化，3—7 为第二化。

图 37.18　涌泉庄乡独树老君观西壁

从《修行图》来看，东、西两壁杂乱无序，如东壁有太子时的"遇生、遇老""辞家慕道"等情节，也有修行中的"芦草穿膝"；西壁有太子时的"遇病""箭射九鼓"等，也有修成证果后"古佛传经"。更让人费解的是，西壁第 2 排与第 3 排有老子八十一化中的前十八化的内容，可识的十八化内容与暖泉镇砂子坡老君观和佳县白云山白云观《老子八十一化图》的顺序一致，但构图上又不尽相同。

由于东壁画面有一多半损毁，西壁北下部被白灰浆与草堆所遮，目前还无法研判此堂壁画所表达内容间的内在联系，也无法得知为何将《老子八十一化图》与《修行图》两个不同的内容混在同一壁画中。但有一点值得注意，两侧壁画皆是 4 排 10 列，各为 40 幅，共有 80 幅，此数量与暖泉镇砂子坡老君观的《老子八十一化图》中的画幅一致，而且一般的

《修行图》很少有这么多的画幅，也不会排得杂乱无序，唯一的解释是此殿曾经绘有《老子八十一化图》，后来因为种种原因，需要将《老子八十一化图》毁掉，但又没有彻底毁掉，匆忙中在《老子八十一化图》上补绘《修行图》时，没有严格按顺序排列。

通过将涌泉庄乡独树老君观遗留的《老子八十一化图》与暖泉镇砂子坡老君观相对应的壁画进行比较，其画面构图有明显的区别，说明这两处的《老子八十一化图》不是出于一个版本（图37.19～22）。

二、《玄元十子朝拜图》

白草村乡钟楼三教寺老君殿　为三教寺的南配殿。南配殿面阔单间，硬山顶，进深五架梁，殿内中间设隔墙（已毁），面南者为老君观，进深二椽；面北者为观音殿，进深二椽。观音殿内壁壁画全毁。老君观内壁曾涂刷白灰浆，白灰浆脱落后露出壁画。壁画为清中期的作品（图37.23）。东、西两壁各绘有人物画像，错落列为4排，第1排10位，第2排8位，第3排9位，第4排5位，各有32位，其中第3排前5位皆有榜题，从榜题可得知壁画所绘为玄元十子，即关严子、辛文子、庚桑子、南荣子、尹文子、士成子、崔翟子、柏矩子、列子和庄子。

图37.19　涌泉庄乡独树老君观西壁·第七化受玉图

图 37.20 暖泉镇砂子坡老君观三清殿东壁·第七化受玉图

图 37.21　涌泉庄乡独树老君观西壁·第八化变真文

图 37.22　暖泉镇砂子坡老君观三清殿东壁·第八化变真文

图 37.23 白草村乡钟楼三教寺老君殿东壁

玄元十子为道教中的老子弟子,元赵孟𫖯撰有《玄元十子图》。此殿所供《玄元十子朝拜图》为蔚县此类题材的孤例,在国内其他地区也极为少见。

后记一

2003 年,经历"非典"和高考之后,8 月 9 日我第一次走进蔚县。这次旅行是长城小站的张保田(网名:老普)网友组织的一次"穿越飞狐"复拍长城抗战老照片的活动。虽然我在 2001 年就加入了长城小站(2003 年 6 月 13 日注册),但那会儿还是个"未成年人",没人"带我玩",所以直到 2003 年 8 月"成人"之后才跟着"陌生"的网友一起出门。蔚县并不是这次旅行的重点,只是匆匆而过,但我对它的印象却是极为深刻的——在蔚县的很多村庄都看到了城堡。

2007 年春节,我又一次和长城小站的网友一起去蔚县,此行的主要目的是看"打树花",顺便看了看附近的几座城堡——如今,第一次去蔚县的人必先看的城堡,由于此时徒步考察河北、山西的明长城已有 4 年,对长城不仅有兴趣,而且理解也在逐渐加深。但是令我感到惊奇的是,在长城如此深处的"腹里"地区,居然还有这么多的民堡,惊叹之余,也决定要好好走一走,由此便拉开了"走蔚县"的序幕。

2007~2010 年,由于尚处在山西大学求学阶段,我在"走蔚县"的时间、地点上多有不便,且"全国长城资源调查暨山西长城资源调查"项目已启动,更是无暇顾及蔚县,只能在为数不多的"长假"等节假日时间前去。在长城调查中,我所在的调查五队的主要任务是调查长城"腹里"地区的城堡和烽火台,因此对这种民堡的认知和调查方法的"套路"比较熟悉,一定程度上对我们调查蔚县是有利的。但是,此时蔚县境内的路况很差,特别是大部分村庄之间没有硬化水泥路。此外,还没有高清的 GE 卫星地图,手机导航也很落后,调查时我们手里只有一张 2004 年蔚县民政局印制的标绘有全部村庄(行政村、自然村)的《蔚县行政区划图》,于是我们靠着手里的这张地图和不断的询问,以及位居城堡北墙高处的真武庙这一"地标"建筑,开着老 J 的那辆爱丽舍"坦克",考察了蔚县的部分村庄。

2010 年毕业后,回京参加工作以来,特别是 2011 年以来,我在调查时间和地点上有了便利的条件,随着 GE 地图和智能手机的开始普及(虽然还不清楚、不好用),和之前比起来,考察蔚县变得相对容易,频率也开始提高,平均一两个月就会去一次。

2012 年 6 月 1 日(星期五)晚上在去蔚县的路上,我突然对老 J 说:"咱们走了蔚县这么多次,获得了那么多的材料,是不是可以试试整理汇总出版呢?"无意之言,老 J 居然不假思索地同意了。由此,我们考察蔚县的活动翻开了新的一页。

新的表现一是去蔚县的时间增加了、频率提高了,几乎每个月都会找一个周末去一次,我们戏称去蔚县找"大姨父"或者是蔚县"大姨父"来了。二是要做到 95% 以上的村庄考察覆盖面——之前只是去规模比较大、现存古建和壁画比较多的村庄,并未做到每一座村庄都去考察。三是考察内容更加系统、细致。在此之前,我们走蔚县主要是玩——以拍摄保存较好的城堡堡门和寺庙壁画为主,城堡堡墙、堡内外旧村街巷、老宅院、保存差的寺庙和壁画等没有仔细考察、拍摄,村史也没有仔细询问,等等。最后是照片拍摄内容更加细致,特别是建筑装饰、壁画细节部分等,拍摄质量也大幅提高。随着新的调查的开展和深入、资料整理的同步进行,我们对蔚县传统文化的认识亦逐渐深入,因此我们愈发觉得之前获得的一些村庄的材料过于粗糙,甚至是"白去"了,所以我们按照最新的"标准"重新考察了 2011 年以前考察过的村庄。

2007~2017 年是蔚县快速发展的年代,我们在田野调查过程中,有幸见证了这一过程,从基础设施——村村通公路建设,乡村道路的硬化工程、亮化工程,到旧村改造、美丽乡村工程——村庄房屋改造,再到当地旅游的升温,从垃圾遍地的县城和村庄,到村容整洁、设施完备等方面,可以说蔚县社会面貌的变化是翻天覆地的。但是我们也看到经济发展的同时,文化遗产的保护状况是令人揪心的。首先,大量处在乡野间的文物处于"无保户"状态。随着当地旅游业的宣传和发展、全域旅游时代的到来,大批外地游客进入蔚县,大家在欣赏蔚县壮观的古城堡、寺庙的同时,采取网上写游记、发抖音、发朋友圈、发公众号等各种"广告"手段宣传,一方面扩大了蔚县的影响力,促进了当地的经济发展,但负面效应也是很明显的——加剧了文物古迹的破坏,特别是愈演愈烈的石刻、壁画的破坏和丢失——盗窃者也懂得网络的便捷性。其次,随着当地经济水平的提高,越来越多的城堡、寺庙和戏楼得到修缮,限于经济成本、修缮理念和水平,修缮工作虽然保护了建筑本身,但同时也造成了一定程度的破坏,这不光是将原来古建的历史感和沧桑感抹去,更主要的是将一些历史信息抹去,如戏楼内的舞台题壁、梁架上斑驳的彩绘等。第三,最初来蔚县时,我们深刻感受到了蔚县的原生态:原建筑——明清以来的城堡、寺庙、民居整"建制"、成"体系"地保存,原住民——世代而居的村民、祖上流传下来的姓氏,原产业——农业,三位一体,可以说是明代以来历史的"活化石"。随着当地经济的发展,越来越多的村民离开了世代居住的旧村,搬迁至附近的新村,造成城堡荒废,城堡内、旧村庄内大量清代中期—民国时期的民居、寺庙建筑无人维护,处于自生自灭的状态,特别是近年来的"复垦"行动,甚至将城堡、旧村——这一当地文化的载体和根脉彻底铲除。最后,随着"空心村"现象的日趋严重,村庄内的老人越来越少,而年轻人对当地文化十分冷漠,使得当地的历史文化信息面临失传的境地。这一点在我们的考察过程中感受是最深刻的——村里知道60年前事情的人越来越少,或许再过上20年,就彻底没有人知道了。我们都知道,文物是文化的载体,没有了文物,文化就成了无源之水、无本之木,成为了一个虚无缥缈的"传说";而人则是文物、文化的传承者和见证者,没有了人的文化是没有灵魂的。鉴于此,用"抢救"一词来表述这次调查工作是最适合不过的了。

调查工作是枯燥并快乐的。在为期十多年的调查过程中,很多朋友曾跟我们一起前往蔚县,但无一例外,都只是跟我们去了一次。最后还是我们这个铁三角搭档——3个年龄彼此差10岁的人坚持了下来。有时我们自己也觉得奇怪,3个年龄差10岁的人居然能"玩"到一起,居然还"玩"了这么长的时间。对于"真爱"蔚县的我们来说,调查生活是充满了快乐的。周五晚上在老J家门口或地铁站集合出发,一路欢声笑语地驱车前往蔚县,入住十多年来居住的同一家宾馆,日出起行,日落返程(冬天的时间成本是最高的),完全按照太阳的时间和能拍照的时间决定野外调查的时间长度。前往一座村庄前,完全是未知的世界,没有路书、没有攻略,我们按照交通线的分布决定调查村庄的顺序,进入村庄之后,便开展地毯式的搜索,不忽视任何一个角落,因为往往会有一座寺庙或者是一座老宅院出现在你面前,惊艳到你。总的来说,平均调查1座村庄需要约1小时,有些集中区域,比如暖泉镇区、蔚州古城等则调查了整整3天才完成。

十多年来的调查属于我们利用业余时间、自掏腰包的行为,并没有相关科研经费、课题的支持。一方面,我们不会受课题立项、中期检查、结题、报销等繁琐的手续所累,不会被课题完成的时间所"绑架",不会因"被催工""赶工"而粗制滥造——3个人坚持了十多年,没有半途而废,没有烂尾,而是全身心地投入调查工作本身,提高了调查材料的质量。但是图书的出版只是我们3个人的设想,并没有"落地"的实际条件,特别是出版经费的着落。天道酬勤,2017年1月15日,我的师兄——上海古籍出版社的吴长青主任,向我们伸出橄榄枝,表示愿意以申请国家出版基金的方式出版该书,在中国文化遗产研究院前院长吴加安先生、北京大学考古文博学院齐东方先生的极力推荐下,本书获得2019年国家出版基金立项。这无疑是对我们最大的信任、支持和鼓励。此后,我们在之前每次调查回来整理的笔记的基础上,结合已有的研究成果和历史文献,编写调查报告,同时将在编写中发现有纰漏、有问题的地方进行补充调查。

众所周知的是,任何一项野外调查受客观条件的限制和认知水平的影响等,都不是完美的,都会有或多或少的遗憾。有些村庄去晚了,城堡堡门、老宅院或已修缮或坍塌无存,村里的"活地图"去世了,寺庙壁画、石刻刚刚被盗;有些当地的老人虽然知道的事情很多,但是不会说普通话,面对浓厚的方言和严重的耳背,沟通时会比较费事,这样很容易造成一些历史信息的丢失等遗憾。特别是早年去的村庄因为认知水平有限、拍照器材落后等原因,调查材料缺漏较多,日后返工时,发现已被破坏或消失,实可谓是一生的遗憾。所以我们只能竭尽全力实现"一步到位",将遗憾降到最低。

如果稍加搜索便会发现,蔚县不仅"国保"数量是县级行政区内最多的,关于蔚县历史文化方面的书籍也非常多,特别是当地人编写的书籍,其数量在我国北方的县级行政区里数一数二,这一方面说明蔚县历史文化底蕴深厚,现存文物古迹众多,更说明当地各级部门、当地人对本地历史文化的重视程度。在调查过程中遇见了很多热心帮助我们的人,正是他们的鼎力协助,才有了现在的成果。

在此,我们要感谢那些熟悉本村历史的热心老人,面对我们的询问,常常放下手里正在做的事情,竭尽全力去回忆、搜索脑海深处的记忆,或者热心地给我们提供、找寻寺庙庙门的钥匙,甚至在前面带路,带我们去寻找乡野间的遗址。感谢周满等热爱、挖掘当地历史文化的志愿者,由于是当地人,熟悉当地的传统文化,加上多年来的研究积累,为我们解答疑问。

感谢蔚县博物馆馆长李新威、县政协委员刘国权,他们不仅是当地的资深文物、文化工作者,更是蔚县历史文化的传播者,在这十多年的调查过程中,两位先生给了我们很大的支持和帮助,提供了很多基础资料。

感谢蔚县六街旅馆的龚老板,自从 2011 年开始在六街旅馆入住,老板得知我们多次来蔚县的目的之后,直到 2020 年,给我们的宾馆房价始终保持在最初的 40 元 1 个房间。

感谢我们这个由三个人组成的"铁三角"蔚县团队,十多年来大家因同一个爱好、同一个目标,共同在一起行走蔚县。老 J 出车,关琪买午饭,一起进村、一起询问乡民、一起翻墙进庙、一起拍照记录、一起开各种挖苦、讽刺、打击对方的玩笑……调查时相互支持,相互提醒,密切配合,整理资料时各自分工整合,可以说,十多年来一半的业余时间是在做与蔚县有关的事情中度过的。

感谢上海古籍出版社的吴长青副社长、副总编辑向我们伸出了出版的橄榄枝,吴加安、齐东方先生的极力推荐,对本书的出版起到了决定性的作用。由于调查、整理周期长,在文字表述上往往出现前后不一致的情况,此外还有语言错误等问题,责任编辑贾利民、宋佳不辞辛苦地认真审阅、校对稿件,确保了书稿质量。

最后要特别感谢我的妻子高燕维,蔚县调查、整理、出版的时间,正好同步且长于我俩恋爱、结婚、生子的全过程,她的支持也免去了我的后顾之忧。

从 2003 年 8 月"非典"结束后第一次去蔚县,到 2023 年书稿的出版,整整走过了 21 年。如果你拿着这本书去重走蔚县,你可能偶尔会发现个别古建筑并未收录在本书中,但是更多的情况是,你会发现书里有很多的古建筑或已重修或不复存在,但庆幸的是资料因公开出版而得到流传，今人、后人还可以了解当地的这些历史信息。

最后，需要特别说明的是，该书的出版并不意味着我们结束了对蔚县的关注，相反，正是因为在蔚县的十多年调查生活，让我们与蔚县结下了不解之缘和深厚的感情，以至如今我们无论走访哪里的文物古迹，都会习惯性地想起和使用"蔚县调查模式"。该书的出版也是我们系统整理、总结蔚县历史文化内涵、特点和价值的过程，在文化遗产保护的大时代背景下，我们更有责任去持续关注蔚县历史文化的传承、保护和利用，建言献策，贡献自己的一份力量。

尚　珩
初写于 2022 年 11 月
修订于 2023 年 11 月

后记二

2007 年的元宵节,在雨雪交加之中,我第一次踏上了蔚县这块神奇的土地,第一次观看了令人难以忘怀的暖泉镇北官堡打树花表演,也是在这个夜晚领略了蔚县鲜见的一场大雪。

当年我正在对宣镇 72 堡进行系统的考察,宣镇南路蔚州卫城、桃花堡、黑石岭堡已列入了考察计划中,但没想到的是第一次去蔚县是去观看打树花,更没想到的是第一次踏上蔚县,便被蔚县田野大地上处处可见的村堡、数不清的宗教寺庙、丰富多彩的民间壁画、纯朴的民风民俗所吸引,而且一下子坚持了十多年。

这十多年,是采用地毯式扫荡与重点突破相结合考察蔚县的十多年,除了因废弃无人的边远村庄之外,从南到北,从东到西,从壶流河、定安河盆地,到大南山区、北部丘陵,每一座村子、庄子与堡子,每一座寺庙,每一处能打听到的历史遗迹,都在考察之列。这十多年,我们拍摄了大量的影像资料,走访了无数村民,留下了丰富的村史与传说。

这十多年内,每当我面对朋友问到"你为什么老去蔚县呀?"这个问题时,我真的不知道如何去回答。这其中,不好把握的是,蔚县可以观看的、可以品味的、可以寻找的地方太多,如何针对不同的人给出不同的答案才是关键。而对于不同的人,兴趣点与爱好点的不同,决定着答案的不同,否则我说我的,他还是瞪着眼睛不明所以,有时候干脆不回答更为省心。

对于喜欢历史的人,要告诉他蔚县曾是泥河湾文化发源地之一,曾是历史上的代国代郡所在地,曾经的代国在此建了一座方圆五公里的都城。

对于喜欢长城的人,要告诉他蔚州卫曾经在此守卫着中原通向草原的南北飞狐古道,蔚州卫城是历史上的铁城,桃花堡、黑石岭是宣镇南路上重要的两座军堡。

对于喜欢乡土的人,要告诉他在这儿的一座座的村堡中保存着明清的建筑,有"天下十三省,能不过蔚州人"的能工巧匠营造的具有地域特色的民宅建筑、木雕、砖雕。

对于喜欢寺庙的人,要告诉他这儿曾是文化交流的"三岔口",自北魏佛教初入,历经隋、唐、辽、金、元的弘扬，留下了数量众多的佛寺；同时，民间信仰的深入，留下了数量庞大的真武庙、龙神庙、关帝庙、观音庙、五道庙、佛寺等庙宇。

对于喜欢壁画的人，要告诉他这儿不仅有佛传故事、水陆画、老子八十一化、百工图，还有真武本生、龙王行雨、关公生平事迹、观音救难等种类齐全的各类壁画。

对于喜欢民俗的人，要告诉他这儿不仅有打树花，还有社火、拜灯山、祭祀求雨。

而对于只想到此一游的人，真的不知道该如何回答，也许最好的答案便是去趟空中草原骑马吧，去趟小五台看看风景吧。

所以说，要想听到你感兴趣的答案，还是先得说清你的爱好，你的诉求。这就是蔚县，可以同时满足不同人爱好的蔚县。

很多人说，你们这么坚持下来想做什么？也有人说你们干脆出本蔚县的书吧。说实在话，刚开始的时候，我们也不知道要干什么，是出于情不自禁地对蔚县这片土地的热爱，还是想通过走村庄访古庙做些什么？出于本能的是，我们有长期户外的经验，有走长城、研究长城的经历，收集资料、拍照记录是本能使然。

于是，我们用上百万字的考察记录，记下了近800座村庄的现状；用数十万张的考察照片，留下了"八百"庄堡的瞬间。在这些现状与瞬间的背后，更重要的是记录与留下了蔚县在过去的数百年间所沉淀下来的历史，而这些历史随着老人的逝去与建筑的毁损正在一点一点地离我们而去。

十多年来，虽然我们没有刻意去做什么，也没有做出什么成果，但还是略有收获的。我们对真武庙壁画进行了梳理，发表了《蔚县真武庙调查报告》(《文物春秋》2014年第5期)；接受张家口电视台的专题采访报道，对蔚县的文物保护与调查谈出了自己的想法；作为不是蔚县本地的爱好者，进行了3次关于蔚县的公益讲座。

十多年间，因为蔚县结缘，认识了一批志同道合的朋友，这其中有蔚县政协的《蔚县州》主编刘国权老师，有蔚县博物馆李新威馆长，有蔚州社会史研究第一人邓庆平老师，有蔚县家谱研究第一人周满老师，有北京大学齐东方教授，更有数不清的曾经帮助过我们的各界朋友们。

这十多年，我们更是经历了太多的变化。从刚开始的时候，没有任何地图，开着车以高高的门楼或真武庙为目标，乱闯乱撞；到有了蔚县地图、有了导航，直至有了更方便的卫星地图。

从刚开始的颠簸泥泞土道，磕得车底盘咣咣直响，车后一路绝尘，到如今村村通水泥路，即便是最深的大山中，仅有几个人的村庄，也有一条水泥大道。

从刚开始只有少数的摄影或历史爱好者对蔚县情有独钟，到如今蔚县已成为京西的一个热门旅游景点，打树花更成为蔚县的一张名片。

从刚开始的一些历史遗迹深藏不露,到如今县级博物馆中收藏最丰富的县馆拔地而起,20多个国保单位名列前茅,村中的部分寺庙壁画也开始得到村民的保护。

但这十多年也有让我们刻骨铭心的伤感:眼看着一座又一座寺庙建筑,因年久失修或人为破坏成为一片瓦砾。眼看着一座又一座废弃的堡子,因复垦而被夷为平地永远地从蔚州八百庄堡的名单中被抹去。眼看着一堂又一堂壁画,随着寺庙建筑的消失而消失,或因保护不善而被破坏。而更令人感到不安的是,眼看着文物盗贼对寺庙壁画的疯狂盗取,一堂堂精美的壁画遭到了灭顶之灾。

而正是这些时代的进步与变化,这些刻骨铭心的伤感,才让我们有了想法。其实这也是一个很纯朴的想法:尽力地去记录蔚县的传统文化、民风民俗、庄堡民宅、寺庙壁画、戏楼祭祀等历史信息,尽力地去梳理蔚县的每一段历史。也正是有了这样的想法,有了上海古籍出版社的认同,才有了这几年来的熬夜笔耕,更有了闭关的2019年。

2019年,对我来说是工作中最忙碌的一年。这一年承担了国务院安全生产委员会办公室53个危险化学品重点县专家指导服务的总协调工作,承担了《危险化学品企业安全风险隐患排查治理导则》与其《应用读本》的编写与宣传贯彻工作,参与了应急管理部组织的危险化学品安全生产工作调研、安全生产明察暗访与江苏省安全生产专项整治督导工作。这一年,出差天数超过了230天,在空中飞行了98次,仅《危险化学品企业安全风险隐患排查治理导则》的宣传贯彻与其他各类培训就达到了59场次。而这一年,正是资料整理最后的冲刺阶段、收官阶段,尤其是蔚县寺庙壁画研究的编写,更是要边学习、边研究、边写作。

回想2019年,工作日的每一个夜晚与周末,不是在出差途中,就是在家中审查工作报告。而只有国家法定节假日可能有时间"开些小差",因此这一年几乎所有的国家法定节假日,我都是在与蔚县"较劲"。这一年也是我零户外的一年,我的登山鞋,我的单反相机,没有出过一次家门,静静地躺着,悄悄地在角落中流泪,这也是我开始户外活动20年来的第一次。

但是,这一年也是最有成就感的一年,终于圆了十多年来的一个心愿,完成了蔚县庄堡寺庙调查与蔚县寺庙壁画的专题研究,终于将浩瀚的记录、照片,整理成一章章图文并茂的初稿,并送到了编辑的手中。

今天,虽然完成了这本书的出版,但这也仅是一个初步的成果,蔚县很多的历史与文化、宗教与信仰、建筑与碑刻还处于碎片化的状态,更多的、更深层次的历史与背后的故事需要去深入挖掘,蔚县历史文化留存的价值还需要更多研究。所以本书的出版也仅仅是一个开始,正如尚珩常说的,历史研究总有遗憾,而这个遗憾,正是下一次研究的动力。所以,未来还会有更多更精彩的探索,而这个探索再有一个轮回,或许更多的轮回也是不够的。

这本书的出版更是在抛砖引玉，希望在各级政府重视蔚县传统文化挖掘的基础上，更加重视蔚县的庄堡、民宅、戏楼、寺庙、壁画等的保护与研究，也希望更多的蔚县民间爱好者加入对蔚县传统文化的收集与研究中。

当然，十多年来我能够执迷于蔚县，能够牺牲大把的节假日去蔚县、拍蔚县、写蔚县，还要感谢我的家人，没有家人的理解与支持，没有家人的无私奉献，就不可能有这本书的顺利出版。更要感谢的是十多年来，一直给予我们支持的《蔚县州》主编刘国权老师、蔚县博物馆李新威馆长，还有帮我们无私拓碑的李春宇哥们，还有更多的数不清的曾经帮助过我们的各界朋友们。

最后，为我们能在十多年间结伴而行的 3 个"疯子"坚持到今天，坚持到初步的研究成果面世，为我们自己的韧性也感动一下吧！

程长进
初写于 2020 年 1 月 31 日
修订于 2023 年 11 月